小澤家十代　蕭鳳の人と時代

―歌で彩る藩・百姓・商人の実像

小澤蕭愼

小澤家十代　小澤蕭鳳

小澤家十代
蕭鳳の人と時代

――歌で彩る藩・百姓・商人の実像

小澤蕭愼

刊行に寄せて

東京大学名誉教授　吉田伸之

本書は、著者・小澤七兵衛氏（雅号・蕭愼）が、六代前のご先祖である小澤家十代当主・小澤七兵衛正美（雅号蕭鳳。以下、蕭鳳と記す）について記された評伝です。蕭鳳は寛政五年（一七九三）に生まれ、慶応元年（一八六五）に七十二歳で亡くなりました。つまり、江戸時代の後期から幕末期にかけての激動の時代の中で、波乱に満ちた生涯を送られた方です。蕭鳳は『童子一百集』という人生訓を詠んだ歌集があり、平成一〇年に著者によって編纂・刊行されています。書写は、蕭鳳への敬愛の念を込めて、この歌集に記された歌の意味とその内容を、小澤家に残された豊富な歴史資料（小澤家文書）などを用いて、それぞれの背後にある歴史的な事実を一つ一つ確認し、明らかにしながら、蕭鳳の人となりや、歩んだ時代風景について丁寧に叙述されています。

小澤家は、近江国野洲で醸造業や金融業を営む豪商農でした。小澤家は、すでに六代目六郎左衛門政次の時に下野に進出し、釜屋七兵衛を名乗って、茂木を拠点に醸造業・札差などを中心とする活発な経済活動を展開し、有力な商人となっていました。十代七兵衛蕭鳳は、文化九年（一八一二）に茂木にくだり、経営を継承することになります。本書は、小澤家にとって大きな転機となった時代状況を、蕭鳳の事績を軸に明らかにしてゆきます。そして、茂木の領主である谷田部（茂木）藩細川家との相剋、同時代に現地で活動した二宮尊徳、中村勧農衛らとの比較、などを通じて、蕭鳳の人と高い見識を具体的に示してゆきます。また、天保末期に茂木での営業活動から撤退し、故郷の大篠原において金融業を営みつつ、領主である仁正寺藩市橋家の勝手方や村々取締役として藩の財政再建、領地支配に貢献した様子が描かれます。

著者の小澤七兵衛氏は、『近江大篠原の歴史』（大篠原郷土史編集委員会、二〇〇三）の編集責任者として活躍され、郷土大篠原の史書編纂に大きく貢献されました。本書はこの『近江大篠原の歴史』や『童子一百集』などを踏まえながら、改めて蕭鳳に焦点を当てながら、小澤家の歴史ばかりでなく、天保期を中心とする大名財政や農政との関わりの問題、また関東に進出した近江商人の活動の意味などを考える上でも、大変貴重な有意義な作品となっています。

本書でしばしば引かれる小澤家文書は、吉田が東京大学大学院人文社会系研究科に在職中に調査をさせていただきました。そのきっかけは、一九九六年に東京大学研究室の佐藤信教授（古代史専攻）が、野洲の著名な旧家である小澤家の御当主で本書の著者である小澤七兵衛氏を吉田に紹介されたことにあります。小澤家に相当量の古文書が未整理のままで伝存されていることを伺い、すぐに本格的な史料調査をさせていただくことをお願いしました。そして同年一一月から、東大大学院のゼミ生を中心に、合計六次にわたり大篠原のご本宅にお邪魔し、調査を実施しました。調査は、野洲市歴史民俗博物館（銅鐸博物館）長・古川与志継氏の助力も得ながら、二〇〇一年二月ごろまでに大半が終了しました。その後、作業の一部を残したまま長期にわたって一端中断しましたが、二〇〇七年秋に至り、残された部分の調査を終え、ようやく完成することができました。

本書の随所で言及されている小澤家文書については、調査の成果をまとめた『滋賀県野洲市大篠原小澤家文書現状記録調査報告書』（東京大学日本史学研究室、二〇〇九年三月刊）をご参照ください。この報告書には、調査の経過、史料細胞現状記録（史料目録）、解説（戸森麻衣子氏執筆）、建造物調査報告（二〇〇八年実施。金澤雄記氏執筆）などを掲載しています。なかでも戸森麻衣子氏の「解説」には、小澤家の略史、小澤家の本拠である大篠原村や下野茂木の概略などが簡潔に説明され、併せて小澤家文書の概容にも触れています。

本書が、大篠原の歴史を読み解き、小澤家の歴史を繙く上で必読の文献であることを確信し、多くの読者の方々に迎えられることを心から祈念する次第です。

はじめに

この本は江戸時代後期に生まれ幕末に至るまで、江戸を含む関東地方と近江国で活躍した小澤蕭鳳《こざわしょうほう》の物語である。

織田信長の家臣で本能寺の変で討死にした小澤六郎三郎重宗より数えて十代目の蕭鳳は、寛政五年（一七九三）に近江大篠原で生まれ、関東で四代に亘り醸造業を中心とする商売で地盤を築いてきた釜屋七兵衛商店の跡を嗣いだ。時は江戸時代末期で、幕府も藩も百姓も商人自身も全て度重なる飢饉などで厳しい経済状況に遭遇し、苦しい生活を余儀なくされる状況であった。

商売の拠点の茂木の谷田部藩と旗本千本知行所、国許の仁正寺藩と元代官であった芦浦観音寺といずれも多額の借財を抱え財政危機に直面しており、これらへの財政援助について深い関係を余儀なくされていった。谷田部藩については勝手御用達として十五人扶持を受け、家老、用人に次ぐ給人格の待遇、千本知行所については三人扶持を、また、仁正寺藩については勝手方取締と、それぞれ直接藩の財政面での関与を余儀なくされ、また仁正寺藩の領地内の取締の役を務め、百姓とのいろいろな関与を経験した。芦浦観音寺については、一時同支配地の年貢を肩代わりする仕事もした。特に谷田部藩については、藩財政立て直しで二宮尊徳が活躍し、その仕法と農業改良などで大きな業績を挙げたが、尊徳を招聘し後に家老となった中村勧農衛は多額の借金の減少を中心に、領民に対し苛酷と思われる政治を行い、当時藩で最大の富豪と言われた蕭鳳への厳しい対応は、誠に耐え難いもので、子孫への言い伝えにもなっている。

その過程で藩の危機的財政状況や、藩内部の諸問題を見ることになり、領地の百姓と藩との諸問題、百姓との直接の関係、等々について、蕭鳳がいかに行動したかについて、多数の文書が残されており、金銭貸借などの証文や覚書だけでなく、藩要人との手紙のやりとりや口述の内容を書き留めた文書、それに幾つかの著書を執筆しており、そのなかには自作他作を含めた二百首の歌集「童子一百集」を出し、これを子孫への家訓としている。このなかには藩に対する批判的なものや、蕭鳳自身の感情を吐露した歌もあり、当時蕭鳳がどのように苦悩し、どのように世間を観察し、商人としてどのように振る舞ったかを詳細に知ることが出来た。

これらの文書については東京大学日本史学研究室の吉田伸之教授（当時）始め牧原成征准教授（現在）等によって調査され、同室の戸森麻衣子先生には同文書の研究報告を、同室の多和田雅保先生には年貢米処理過程の研究報告を、一部著書については野洲銅鐸博物館の古川与志継館長（当時）によって報告頂いたものを引用した。

本書は以上の古文書や著書を元に、蕭鳳自身の実話として物語風にまとめたものであり、蕭鳳の歌のなかで藩や世情に対する感情や批判的なものを含め、蕭鳳のあからさまな気持ちを描写することとし、短歌や俳句はすべて原文のままとした。江戸時代の末期を生きた人達のなかで、今まで十分伝えられていない人達、藩や世間の犠牲になって泣いた人達、それに裏話を含めて、当時の苦しかった世情を描いた。ここには現在の世情に似通う点が多々あり、読者のお役に立てば幸甚である。

書きのこす歌の心を篤と知れ　とふぞ人たる人となれかし　蕭鳳

目次

第一章　蕭鳳と釜屋七兵衛商店

蕭鳳と小澤家の系譜

蕭鳳《しょうほう》の先祖は、関東平家の一門で、桓武天皇より数えて七代目の秩父六郎将恒の七代後の、武蔵国小澤郗の領主をしていた小澤二郎重政を始祖としている。それからさらに十代後に小澤《こざわ》六郎三郎重宗が尾張国の清洲に近い小澤《こざわ》村（現在の稲沢市小澤《こざわ》）に住み、若い時より小姓として織田信長に仕え、安土城築城の際の石奉行として力を尽くし、天正一〇年（一五八二）六月二日、本能寺の変で、主君織田信長公、嫡男信忠公と共に討死したが、この人物を近江国篠原小澤《こざわ》家の初代としている。そして二代目の小澤六郎左衛門重正は大坂夏の陣の後、京都で浪人をしていたところ、元和二年（一六一六）京都所司代であった板倉伊賀守が京都諸浪人追払令を出し、これによって京都より落ち行き、元和三年（一六一七）に近江国篠原（現在野洲市大篠原）に定住することになった。

六郎左衛門重正はそこで百姓としての仕事に就いていたが、六代目小澤《こざわ》六左衛門政次は貞享二年（一六八五）、二代目六郎左衛門重正の持高を弟に預け、自ら商人となるべく関東に下った。そして頼って行った辻村（現栗東市辻）出身の釜屋田中與惣右衛門の宇都宮店で商売の勉強をした後、正徳二年（一七一二）に独立を果たし、宇都宮新宿町に自らの店を開いた。田中與惣右衛門家は鍋釜等の鋳物類を扱い屋号を釜屋と称したので、同じ屋号をもらって「釜屋七兵衛」を商店名にした。

釜屋七兵衛店は、その後本店を下野国茂木に移し、七代、八代、九代と代を重ねるごとに商売を拡大し、醤油、味噌、酒の醸造業、藩の御用米を扱う札差、御用蔵、金融業（質屋）などと手を広げ、店も茂木を本拠に、宇都宮、黒羽、江戸と販路拡大をはかり、大きな発展を遂げた。

このように関東での商売が発展しているなか、近江国大篠原では寛政五年（一七九八）に蕭鳳《しょうほう》が生まれた。寛政五年といえば将軍家斉の時代で、老中松平定信が倹約令を出した後も各地で百姓一揆が頻発し、経済面で幕藩体制にも衰退が表面化していった時代である。六代目小澤六左衛門政次が茂木を富裕な町と感じた頃とは世相に大きな違いがあった。

蕭鳳は初代小澤六郎三郎重宗から数えて十代目の嫡男として生まれ、幼名を寅吉といった。姉二人、弟一人、妹三人の七人兄弟で、そのうち姉一人、妹一人は早くに亡くなったが、五人はそれぞれ成人していった。姉は別家へ嫁ぎ、弟は分家を相続し、妹二人はそれぞれ他家に嫁いだ。蕭鳳は成人して、小澤《こざわ》七兵衛六左衛門正美《まさよし》を本名とした。蕭鳳は雅号で、著書や書画にはこの雅号を使っている。

蕭鳳は、釜屋七兵衛商店の主人である九代目の父と母より商人としての厳しい教育を受ける一方、自らも勉強好きであったので、論語大学を始めとする四書五経や漢書、庭訓往来《ていきんおうらい》や都鄙問答《とひもんどう》などの修身書、歴史、文学、貝原養生訓などの医学書、歌・俳句・絵画などの文化芸術など多方面に通じるなど、大変な勉強家であり、努力家であった。

四書五経を読んだ後に、

大学と論語を篤と得度知れ　外はよまずと是で沢山　蕭鳳

との歌を残している。

蕭鳳は特に絵が好きで、関東へ下る前に京都の河村文鳳《かわむらぶんぽう》（岸派で岸駒の高弟）の弟子となり、絵画の勉強をした。自らも若干の絵を残したが、むしろ鑑識眼を養ったのではと思われる。河村文鳳の絵の手本などの書を残している。蕭鳳の鳳の字は、師の文鳳から拝領したもので、それを雅号とした。なお、書道についても幾つかの書がある。茂木では島崎雲圃《しまざきうんぽ》（一七三一～一八〇五）の弟子の*小泉斐《こいずみあやる》（一七七〇～一八五四）と、島崎家を介しての交流があった。二十八歳もの歳の違いがあったが、絵が大変好きであったためと思われる。

富貴より　其身もひくき　牡丹かな　　蕭鳳

蕭鳳は農村に育ち、百姓の子供達と遊んで成長していき、文化九年（一八一二）十五歳で元服して成人となった。村には小澤家以外に他国に店を持つ商家はなく、成

小泉 斐　明和７年（1770）下野国芳賀郡益子の鹿島神社の神職木村市正の子として生まれ、那須郡黒羽の温泉神社小泉家の養子となり、小泉姓となった。幼少の頃から絵が好きで、 茂木の島崎家の三代目の主人、島崎雲圃に師事し、没骨法の技法も学び、黒羽の大関藩主にも重宝され、多くの絵画を残し、特に鮎の繪は有名である。

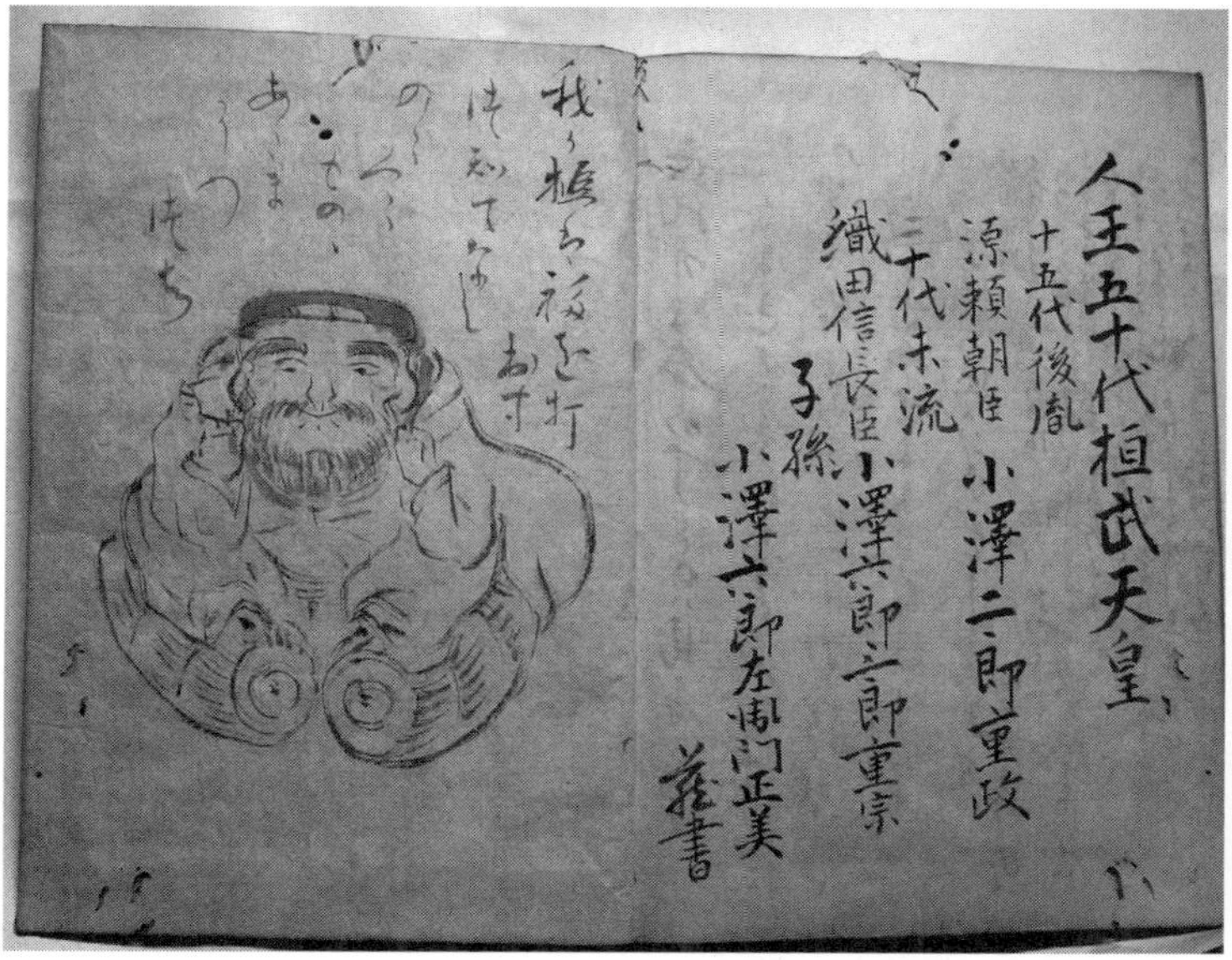

童子一百集の中の一頁　歌は「我が槌は福を打出すつちでなし　のらくらものの、あたまうつつち」

人後は様子も分からないままに父に連れられて関東に下り、商売の道の修業をすることになった。そして、文政元年（一八一八）に江頭村（現近江八幡市）の坪田与治右衛門の娘、糸と結婚した。齢二十一歳であった。小澤家も他の近江商人と同じく、嫁も含め家族は全て近江に置いて、年に一～二度は帰国するのが慣いであった。しかし、その頃父の体の調子が悪く、蕭鳳は帰国してもすぐに茂木に帰らねばならず、結婚から四年目の文政五年（一八二二）に、父は帰国出来ないまま病のため茂木で亡くなった。父は小澤家開基の茂木安養寺に葬られた。蕭鳳が若干二十五歳のときであった。

当時の釜屋七兵衛商店は下野国茂木を本拠とし、宇都宮、黒羽、江戸に店を構えて、酒、醤油、味噌の醸造、質屋（金融業）、札差、御用蔵、河岸船運送業等で茂木第一の商店といわれていた。蕭鳳はこれら全ての経営の主人として、重責を引き受けることになった。

堪忍は　見てよきものぞ　雪の竹　　蕭鳳

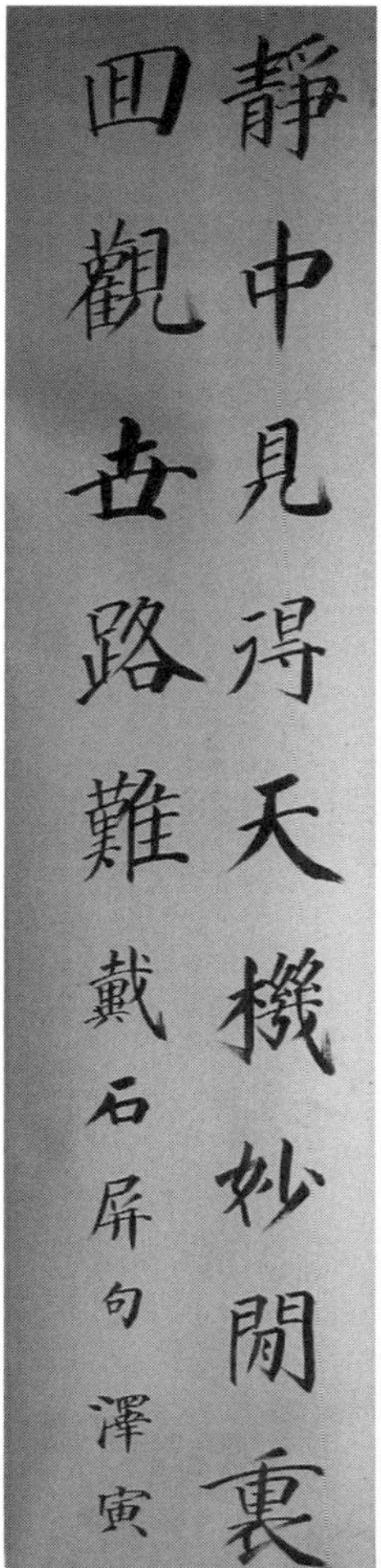

蕭鳳の書　落款は幼名の小澤寅吉より「澤寅」としている。

蕭鳳には、補佐し、指導し、温かく見守る人達がいた。そのなかに親類で強力な補佐者がいた。それは蕭鳳の姉婿であった小澤甚右衛門で、関東に下り本家の商売を盛り立て、宇都宮池上町の店を担当し、蕭鳳にとっては右腕に匹敵する人物であったが、蕭鳳が相続して僅か四年後の文政九年（一八二六）に、宇都宮の店で四十二歳という若さで亡くなったのは、惜しまれることであった。墓は茂木安養寺の本家の墓に一緒に祀られている。なおまた少しさかのぼるが、大篠原に生まれ茂木店で働き、先々代、先代と本家の発展に大きく寄与した片岡仁兵衛という人物がいた。番頭となり別家を許されたが安永八年（一七七九）に茂木で亡くなり、甚右衛門と同様に本家の墓に一緒に祀られたが、蕭鳳を支えていればと考えると大変悔やまれる。

しかし、支援者として蕭鳳の力になったのが、同じ近江国日野出身の栄屋島崎利兵衛と、本家で早くより働き別家を許され釜屋の屋号をもらった釜屋新兵衛、茂木の商売に協力した小林利右衛門がいた。

強力な親類の支援者を早くに失いながらも、一方でこれらの温かい支援者に取り囲まれていたことと、番頭や手代、丁稚などが国許の篠原やその周辺から来て、忠実に

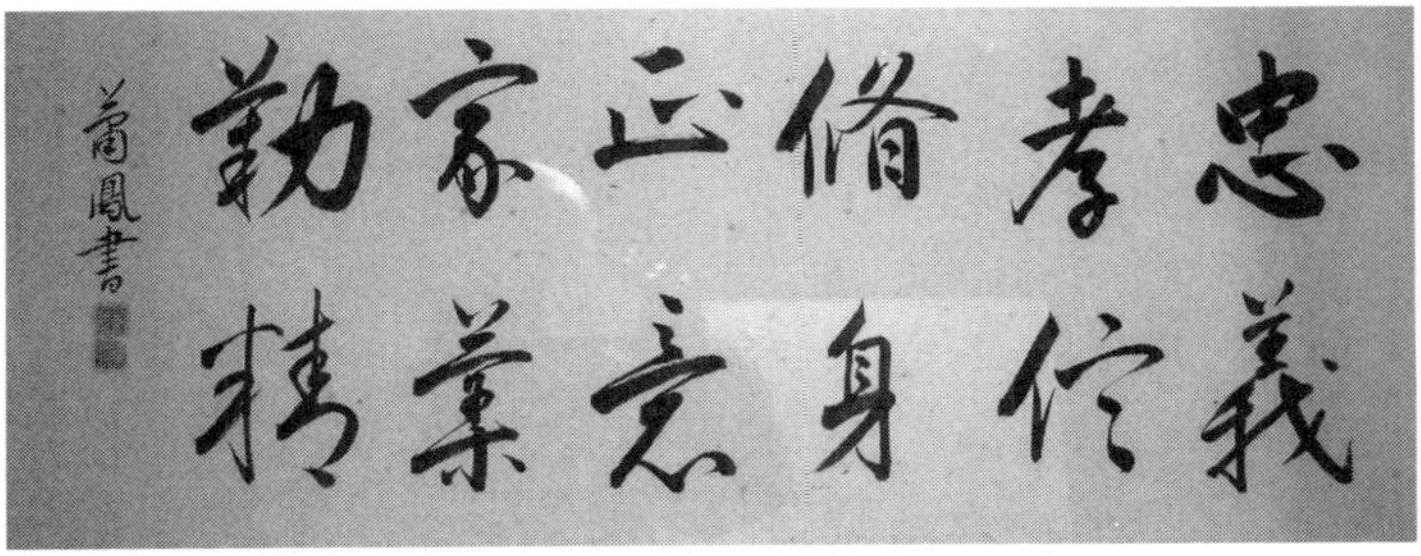

蕭鳳の家訓の書　これと童子一百集に多くの家訓を残している。

茂木安養寺の小澤家墓　小澤家４～９代目の墓と現地で亡くなった従業員の墓も一緒に祀られている。

商売を支えていたことは、蕭鳳にとっては恵まれていた。藩も百姓も全てが借財に苦しむ社会情勢のなかにあって、まだ若い蕭鳳は厳しいながらも将来に夢を託せる船出であったことだろう。

渡世をば正直にして精いだせよ　神のめぐみで行末ぞよき　　蕭鳳

釜屋七兵衛商店の推移

貞享二年（一六八五）に六代目の小澤六左衛門政次が宇都宮の釜屋田中與惣右衛門の店を頼って関東に下り、同店で商売の勉強を積み、正徳二年（一七一二）に独立を許され、宇都宮新宿町に店を開いて、当初は鍋、釜に油も商っていた。家紋は天秤棒の両側に油壺の紋を使っていた。商売の販路は主として関東東部、特に下野国の真岡、益子、茂木、烏山、黒羽、芳賀郡の各地などを中心にしていた。

ある時、宿を茂木にとって、朝早く出立しようとしたところ草鞋《わらじ》が切れたので、草鞋を求めて茂木の町中を歩いた。日はすでに昇り明るくなっていたが、いずこの店も閉まっていた。政次は考えた。日が昇り明るくなっているのに皆まだ寝ているのは、きっと裕福に違いない。この町で商売をすればきっと儲かるに違いないと感じた。そこで早速殿様にお願いして（言い伝えなので多分陣屋の役人と思われる）「ここで商売をさせてほしい」と申し出たところ、「よかろう、好きな場所で店を持てばよい」とのお達しであった。早速店の場所として茂木中を歩き、人の草鞋と馬の草鞋が一番多く落ちている場所（これは交通量が最大の場所）を探し、水戸から茂木、烏山と抜ける街道とそれに交差する茂木の本通りの交差点付近で、ここが一番多いと判断し、その場所を所望した。

それが横町という地名の所で、ここに明治の始めまで建物等があった。現在なお「釜屋横町」の名は残っている。そこに本拠を移した政次は、国許から弟甚兵衛正直を呼び寄せ、鍋・釜・油などの行商にとどまらず、醤油、味噌、酒の醸造業、藩の御用米を扱う札差、質屋（金融業）などと手を広げた。六代目政次が一生妻を娶らなかったので、弟の正信はその下の弟に甚兵衛家を継がせ、小澤本家政次の順養子となり、七代目を相続した。そして店は、八代目、九代目が発展に力を尽くし、店も茂木を拠点に、黒羽、宇都宮、江戸と販路を拡大し、大きな発展を遂げた。

しかし、発展の道は決して順調ではなかった。その第一は六代目が裕福な町と看破した茂木は、時代を下るにつれて藩も百姓も借財に苦しむ町となっていた。最初に藩から上納金の要請があったのは延享四年（一七四七）で、割付上納金として金一両一分八文の書類覚えが庄屋重右衛門より横町七兵衛宛に出されている。また、個人への貸付については、質にとった田、畑、屋敷などの保有が寛保元年（一七四一）頃より増え続けている。蕭鳳の時代には、貸付は藩および商店を含む個人とも増えていったが、これが藩の財政改革に蕭鳳がかかわることにつながった。

なお、延享元年（一七四四）頃より、店は藩の御蔵米を扱う札差業となり、一度に米一千三百俵や小麦百俵などを茂木から那珂川の河岸にある大瀬、砂川、久保田、黒羽下河岸や、鬼怒川の中里河岸に送っていた。これは、江戸まで荷を送るには、那珂川は茂木からの陸路は近いが江戸までの航路が長いのに対し、鬼怒川は茂木からの陸路は遠いが江戸まで船で早く到着できるなど輸送路に一長一短があり、両者を使い分

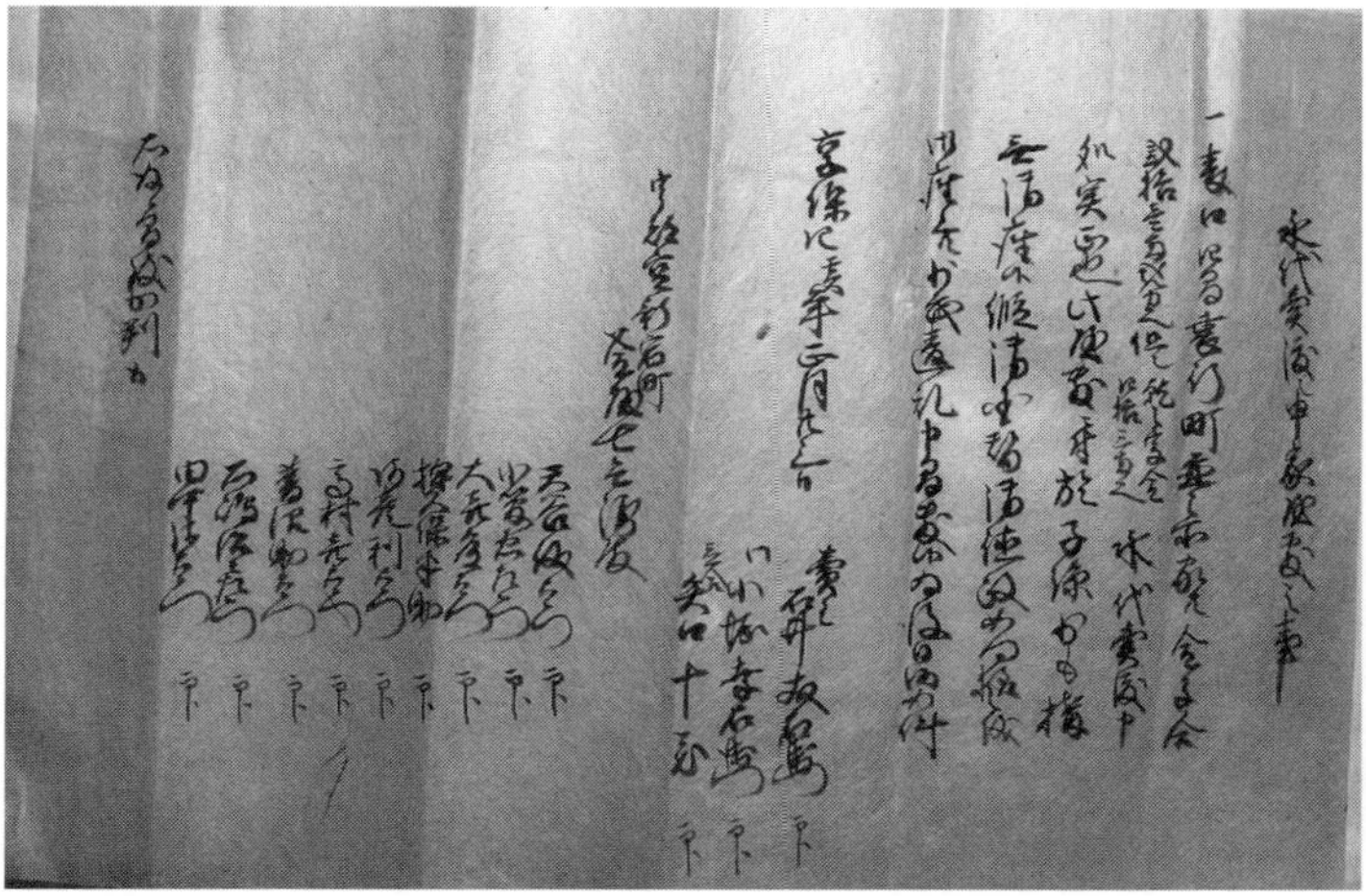

茂木進出の最初の土地購入証文

那珂川（茂木大瀬河岸跡附近） 江戸へ米を積み出した河岸の一つ。

けていたことによる。そのため河岸の業者との関係も深くなっていた。そして、業者への貸付も多くなっていった。これらの貸付の返済や質取りの執行についての史料は、蕭鳳の時代にも多く残っている。なかには黒羽河岸のように問題を起こしたり、債権回収不能となった史料も多い。

醸造業の関係については、延享四年（一七四七）にはすでに茂木で醤油・味噌の醸造を始めており、また大関藩の黒羽でも宝暦か明和の始め（一七六四）頃に醤油・味噌の醸造を始めている。酒については、宝暦十年（一七六〇）に旗本千本知行所の領地、千本の釜屋惣八より酒道具一切を購入し、醸造を始めていた。

胤えんのいんとゆふ字は種とよむ
よきたねまけばよき事がさく
蕭鳳

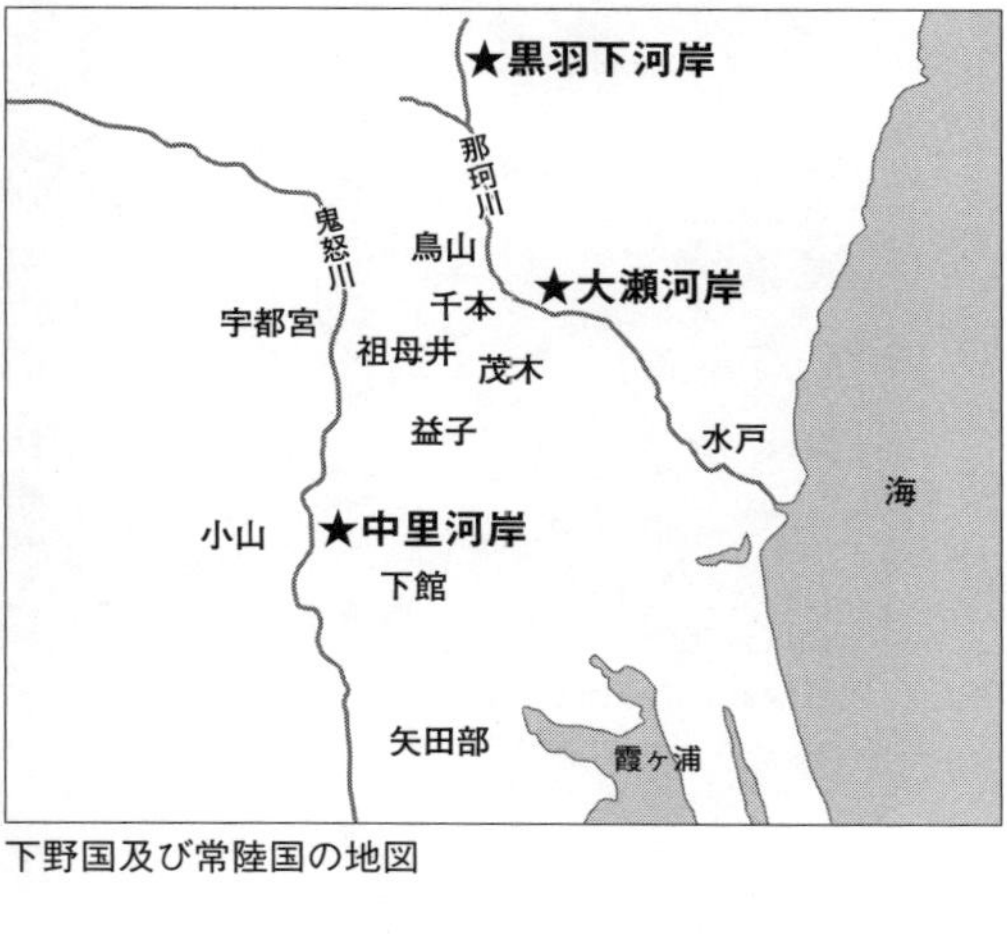

下野国及び常陸国の地図

第二章　下野国茂木周辺の状況

関東方面の米作等の状況

蕭鳳が主人として、店の経営を引き継いだ頃の関東地方の社会情勢は厳しいものがあった。蕭鳳が生まれる少し前の天明元年(一七八一)関東に大洪水があり、これをきっかけに天地の変化が始まった。同二年は時候不順で春三月の陽気に度々雷が鳴り、同三年には浅間山が噴火し大飢饉となり、正月より冷気厳しく五月に綿入れの着物を着て、六月より九月下旬までは雨が降り続き、その間に雨に交じって茂木辺まで砂や白毛が降り、一日も晴天なき毎日で九月まで晴天なく、二百十日に二晩風吹き、その後また雨で作物に実が入らなくなった。そして穫れた米も雨と寒風のため、酸味甘味を生じ砕け易く米の味を失っていて、秋の作柄は皆無同然となった。これにより米の値段は上がっていった。そして同六年には七月に大洪水があり、大凶作となった。同七年（一七八七）にはようやく土用に暑さが戻り、凶作は収まった。しかし米価の高騰が続き大坂をはじめ全国の都市で「天明の打ちこわし」が起こるなど世情が不安定となり、幕府では老中松平定信の寛政の改革が始まった。幸いにして同八年には平年作となった。

その後、寛政元年（一七八九）より十二年間、享和元年（一八〇一）より三年間、文化元年（一八〇四）より十四年間は米の作柄は順調に推移した。そして次の文政元年（一八一八）より十二年間も作柄変わらず、そのため米の価格は下がっていった（別表）。一両で買える米の量が天明二年には一石であったものが、同三年～四年には四斗に高騰し、文政元年には一石六斗、同二年には二石まで下がっていた。これらの米価の推移について、蕭鳳が記録した数字をグラフに示す。

このような状況のなか、蕭鳳が主人となった文政五年（一八二二）には、醤油・味噌・酒は、一般庶民の食生活に欠かせないものとなり、その醸造も順調に推移していた。醸造用に仕入れる米や雑穀類は役所の穀店としての許可を得て商っていたが、米価の変動で難しい商売を強いられていた。金融関係については、藩が大変な財政危機

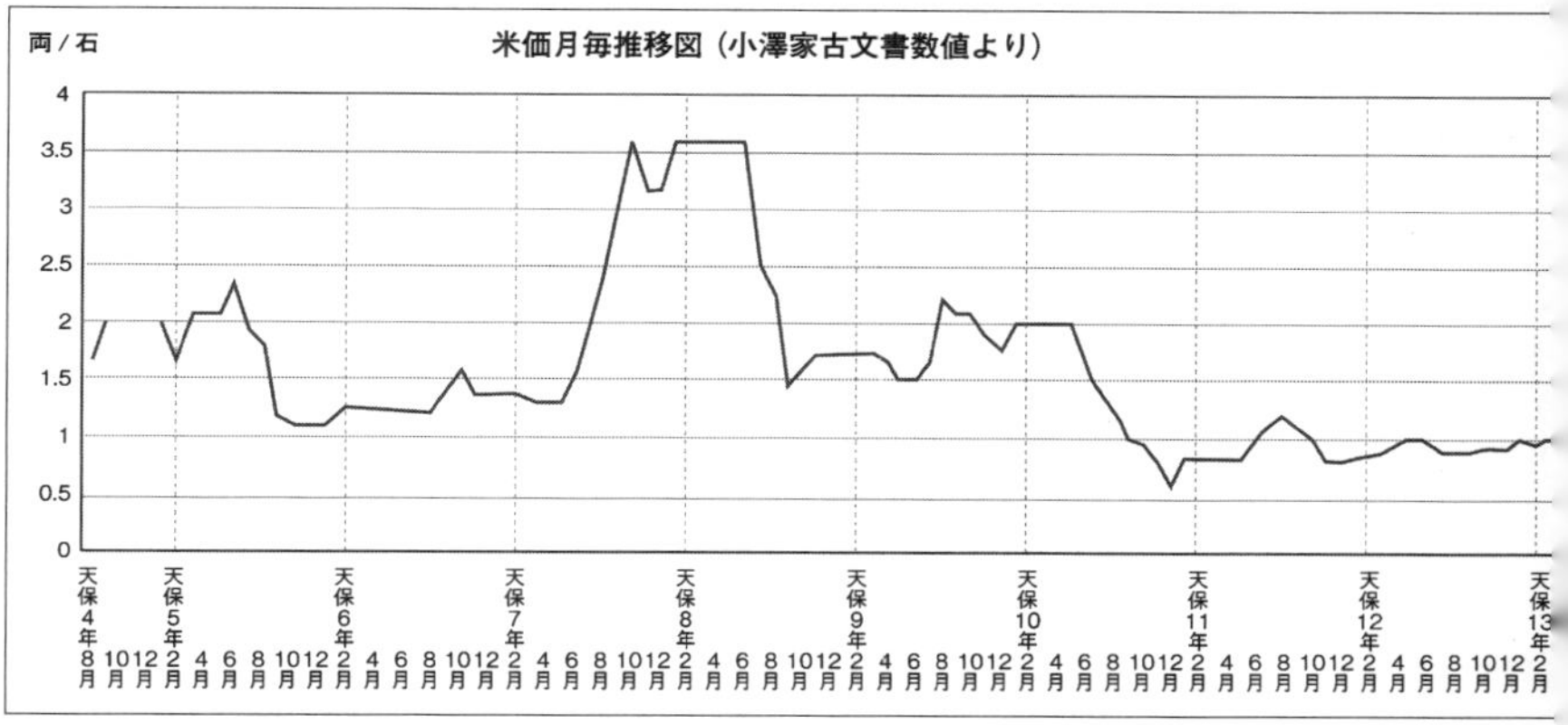

米価の推移（蕭鳳文書による）

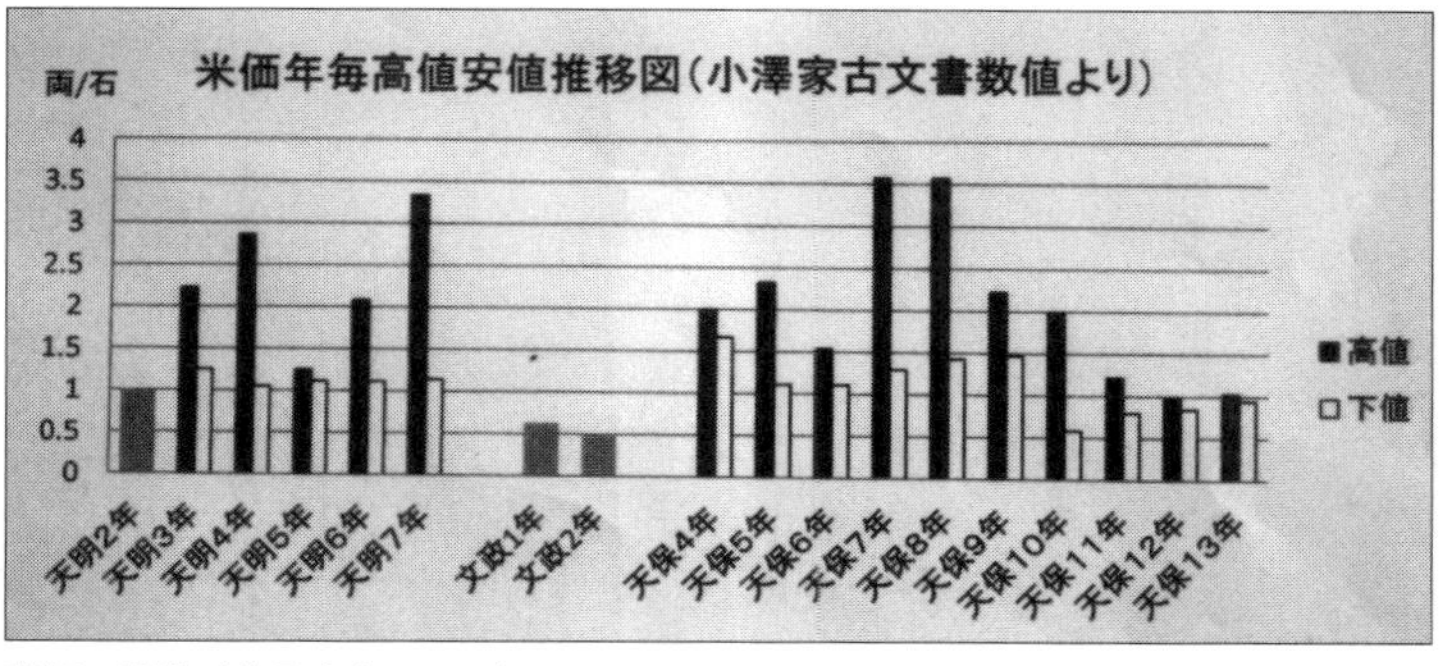

米価の推移（蕭鳳文書による）

のなかにあり、また一般百姓も借金に苦しんでいる状態であった。米の作柄自体は文化、文政を通じて大きな不作はなく、平年作または豊作の年もあった。グラフに示す通り、蕭鳳の調べた米価推移によれば、この間低い値を維持していた。

このグラフの示す通り、各年の米価が上下を繰り返しているのは、収穫期に安く、端境期に倍近くなることによるものと思われる。もし備蓄米が藩や百姓にあればこのような激しい変動はしないはずである。しかし収穫期に豊作であっても、藩も百姓も多額の借金の返済に追われていれば、前借りの返済を収穫期にして、翌年端境期に食う米が無くなり再び借金をして高い米を買うという悪循環が繰り返され、米価もこのような変動となったとみられる。事実、小澤家に残る古文書には、藩も百姓も秋の収穫期に借金を返していたという記録のものが残っている。このグラフをみると、極端な上下の年や、平均的な変動の年、毎年の米価の上下を示していて、そこから当時の藩、百姓の暮らしの実態が分かる。

しばらくも樂といふ字を願ふなよ　らくのかへりはいづれ苦しき　蕭鳳

天保に入り、元年より三年までは米作は順調で、米価も安定していた。天保二年（一八三一）の一二月には一両二石まで下がり問題はなかった。

ところが天保四年になると、正月より冷気厳しく二、三月も冷気厳しく、土用に入っても冷気が残り、綿入れの着物を着る状態となり、八月一日に関東に大風が来て、箱根より東は大凶作となった。米を始め五穀全て実が入らず、ついに藩は他国へ五穀を売ることを禁じる「出穀御法度の令」を出した。これは谷田部藩だけでなく、関東、東北等の多くの藩が同様の措置を講じた。米価はどんどん上がり出した。蕭鳳は米価の上がりは早いと述べている。さらに同年一二月二三日には茂木辺より江戸までの一円に三尺五寸の雪が積もる異常気象であった。その年は仙台付近も大凶作となり仙台藩は米所でそれまで囲米を相当備蓄していたが、天保五年にはこれが不足して領民が難儀していることが蕭鳳の耳にも入っていた。そして、翌六年、七年、八年と、全国的な大凶作で飢饉が続いた。

天保四年八月一〇日夜、茂木の天王社（牛頭天王を祀る社）に人が集まり、蕭鳳の店へ押しかけて、米を一分で売ってくれと言ってきた。店は蕭鳳が帰郷中で留守のため、番頭の小右衛門が応対し、一升宛売る枡切りで当時の相場で売った。ところがその夜遅くに村人達がやって来て、店の戸を破り店にあった品物を略奪した。金額的には二両程の損害であった。山形屋彦司と名乗る男が暴徒を静まらせると、暴徒達は天王社へ引き取っていった。その後、頭取山形屋彦司、小松甲斐正の仲介によって村役人が店へ来て小右衛門に詫びを入れ、内々で済ますことになった。

蕭鳳は五月に国許へ帰ってから疫病にかかり、大病のため長く養生し、漸く全快して一二月二三日に茂木に帰った。時をへずに小堀左右司、小松甲斐正という二人が来て、御領分内の庄屋すべての総意で、金子三百両宛が要る、釜屋と栄屋とで合計六百両を貸してくれと申し入れてきた。蕭鳳は栄屋（島崎泉司）と相談し、両店で三十両ずつ貸しますが、その代わりこちらより所望の書付をください、と返答したところ、この話は取り止めになった。一銭も出さなくて済んだのは、「押借り」の書付を要求したことによる。すでに八州御役人へ「押借り」を取り締まるよう願いを出していたこともあって、その後、小堀、小松の両人が借金を断りに来て、それきりとなった。

その後、一二月二〇日に村内の人々が正明寺へ集まり、中町嘉右衛門、大町栄屋与

六、大町角屋又右衛門、中町松尾屋忠兵衛、横町丸屋得兵衛、幅た屋儀右衛門、日の屋甚兵衛、田中弥右衛門へ押しかけた。やむを得ず五十両を村内へ貸すことにし、庄屋の小堀貞四郎へ金子を渡した。この件が領主の耳に入り、村内残らず呼び出された。そして、騒動の頭取をつとめた横町のエビ屋栄助、大町のかじ屋為吉、新町の米屋儀三郎の三人が牢屋に入り、翌年の七月にようやく、覚城院が二人を貰い下げして済んだ。この時の本当の頭取は小松甲斐正と山形屋彦司であったが、二人とも老人なので、先の三人が先に入牢させられ、後で入牢した。皆からつくづく馬鹿者だと笑い物にされた。この時の奉行は、岡勘兵衛、片岡猪右衛門、関口武兵衛の三人であった。勘兵衛という人は御世話向きが一向に埒明かぬ人であったので、村の小百姓共は上を恐れず、押貸しなどの無理難題をいろいろ申し入れていた。

人徳もなき身で人のうへに立　民百姓をしかる身しらず　蕭鳳

国法を唯第一と守るべし　そむけばすぐに地獄目前　蕭鳳

この騒動の一か月前、蕭鳳と栄屋両人が相談して、七両二分宛、合計十五両を村の庄屋定四郎へ村方救いとして渡し、受取を書き取りおいたので、一二月二〇日の騒動には両家には来なかった。

蕭鳳が書き置いた内容は、

「自分の店も八月十日に店破りに遭い、それより心がけて店仕舞いをした。仕入れは一切せずに、午年（天保五年）一か年に諸品を残らず売り払い、前年の店の残金は四百三十三両三分二厘で、午年に売り払った金額は、二十七両三分二厘で、損金となり、小間物、荒物、太物も売り払った。穀店も巳年（天保四年）に米を仕入れていたので、その分翌年天保五年の六、七月頃までに売り払い、それより穀類の販売を休んだ。天保四年の米の利益は三十両であったが、天保五年には七両ばかりの利益で、仕入れ一切せず、翌年よりも一切休むことになった。祖父の代より店は栄えてきたが、天保四年は村人達による店破りに遭い、これを『天の誡』（天の戒め）と心得て、店、穀とも休む事とした。子孫の為に書き置く。」

とあるが、蕭鳳としては、断腸の思いの決意であった。

この年（天保四年）には、あちこちで騒動が起こっていた。茂木、烏山、取手、千住、甲州甲府、それに東海道筋など多くで騒ぎがあった。全て凶作による飢饉の結果であった。そして同年一二月二三日には茂木より江戸まで三尺五寸も積もる大雪に見舞われた。特に、仙台付近は大凶作で、仙台辺はこれまで囲い米（備蓄米）を売っていたのが無くなり、特に東北地方が飢えることになった。

天保五年には、春より度々雨が降り、夏も雨が降ったが、六月より天気回復し、土用を含め八月六日まで五十日間天気が続き、近年にない暑気であった。米の作柄がよくなって、米価は下がった。

天保六年になって、六月頃より度々地震があり、七、八、九の三か月は二日に一度の割合で地震があった。これより変化の始まりと、蕭鳳は予測している。

翌天保七年（申年・一八三六）には四月二日より八月六日まで雨が降り、その後も度々雨で全国のあちこちで大洪水が起こり、大凶年となった。その年は天明の大凶作に匹敵する年となり、七月四日の大雨で大水が出、七月一八日には大雨風にて諸国が洪水となり、七月末夜より八月一日夕方まで大雨風で再び諸国で洪水が起こり、いよいよ大不作の兆候が見え始め、米価がどんどん上がっていった。土用になっても毎日雨で、前年のように土用に天気が回復して日照りで暑くなれば作柄が回復すると思っていた人が多かったが全て外れ、八月二三日になって少々の雨の夕立景色で雷が鳴った。天気にはなったが、八月二五日に霜が降った。作物ではたばこの葉の色が変わった。九月一日よりまた霜が降り、それから十月末まで毎日霜が降って、寒気は格別冷たかった。九月一八日朝より雨が降り雷が鳴って、以後は天気が安定したが、穫れた米は品質が非常に悪かった。普通早稲の米の花は二百十日に咲き、奥手の米の花は二百二十日頃に咲くのだが、冷気で遅れて秋の彼岸に漸く花がつき、それ故一切実入らず穂が立っていた。このような状況のなかで、谷田部藩はたまらず「出穀御法度の令」を出した。

そしてこの年一二月に茂木奉行より御触が出た。

一、御改めの茂木領分貯蓄雑穀は、

惣〆　一万一千八百二十二俵

一、惣人別　六千三百三十二人

一、一合雑水　二合粥　三合飯　これ又不足の場合、雑水は食の一分を以て食用事樽、二分の益となる。粥は二分の益となる。一日の内一度の余計を生じ、一年四か月に食うべき也

一、此の時節にいたっては、米を払って麦を求め、麦を払って稗を求め、その他の食用になるものを掘り出し、食中毒なき事を心がけよ。とかく麦は申すに及ばず、第一米は一人に一合ならでは決して用いず、余品を以て食すべきこと。翌年も凶作が続けば命を以て助ける。備え第一と心得よ。

一、一人に付き、一両稼げば、金六千三百三十二両なり。二両宛稼げば金一万二千六百六十四両なり。とかく山家は山家の風に致しなさい。魚が山に登った例はない。

以上の内容から、大凶作による飢饉に対する領民への対応を真剣に考えていたことが分かる。それほど飢饉は深刻であった。

苦もあればまた楽も有夫々に　思ひくらべて家業精い出せ　蕭鳳

出穀御法度

このような状態のなかで、天保四年（一八三三）八月に谷田部藩の「出穀御法度」が出たが、その三年後の天保七年に再び「出穀御法度」が発令された。その命令に対処して、蕭鳳の店としては醸造用の大豆、小麦は早く買い置く必要があった。米、麦、大豆の他、塩、小豆、砂糖も御法度のなかに含まれていた。一方隣の水戸藩は、六月より水戸領への入穀御免となり、このままでは茂木の米が残らず水戸へ行ってしまうことになるので、こちらは出穀御法度の指示を出した。茂木領内で囲い米を持つ業者は翌年用の備蓄に備えるので、売り手がなく、米価は高騰した。

出穀御法度にまつわるお話を蕭鳳の著書から紹介したい。

天保四年一二月七日に砂田の杉田五郎左衛門と申す男が、水戸領内の飛山村に切粉箱入りで、二分二厘の米を売った。雪が少々降り、買入れた米を買馬に付けて帰った

内済　この話は、多分惣兵衛と傳兵衛が内済にするについて法外な金子を五郎左衛門に要求したためと 思われる。

が、砂田の出口橋の所で馬が転んだ。そこで砂田惣兵衛、傳兵衛ともう一人の三人でその米袋を着け直して、四、五間も行かぬうちにまたまた馬が転び、米袋の中より米が出てしまった。三人はいずれへ参ったらよいかと馬士に尋ねたら、馬士は何も言わずに下飛山へ帰ってしまった。下飛山は水戸領なので、御法度はどうなるかと、三人とも五郎左衛門宅へ行っていろいろ話し合いをした。五郎左衛門が強い態度に出て内*済ですませるように出来なかった。内済を受け付けられなかったので、砂田一統で役所に願い出ると、早速吟味が始まった。米を下飛山に売ったと五郎左衛門が白状したため、五郎左衛門は牢屋へ入れられ、家は封印された。寒中で五郎左衛門は困り果て、医者の中町片岡三省、横町芳賀大順、砂田永嶋柳音の三人から病気であることを申し入れてもらって、しばらくの間宿へ下がっていたが、また入牢した。

この時の御奉行は片岡猪右衛門、秋田清七朗、上田正太郎であったが、このほかに中村勧農衛《かんのえ》という仁*がいた。中村勧農衛は御勝手御仕方にて茂木へ参った人で御奉行役いたし、巷ではこの人が主導権を握っていると噂をしていた（遠慮した言い方になっているが強引なやり方を見れば多分勧農衛の意見が決定的だったと思われる）。その頃、

仁　蕭鳳の著書に「仁」という表現が使われており、蕭鳳の勧農衛に対する気持ちが出ているので、そのままとした。

江戸より家老の中村市郎右衛門が国許に戻っていて、この事件を聞き調べさせると、五郎左衛門は他にも度々隠し売りしていたことが発覚した。また岡勘兵衛が江戸より帰っていたが、ちょうど五郎左衛門が病気で宿に下がっていた時期で、取り調べもしなかった。そして奉行がじきじきに取り調べたのは翌酉年（天保八年）二月十八日になってからのことだった。五郎左衛門はその後、同年七月一三日に釈放ということになったが、家は養子の九兵衛に渡り百姓として出精するよう申し渡された。五郎左衛門は妻とともに谷田部野崎村の新百姓として移ることになった。五郎左衛門が蓄えていた質物は現金で三〜四百両もあったが、すべて五郎左衛門に渡された。

丁度その頃茂木で火事があった。天保七年二月二〇日夜、砂田で出火し、夜明けまで燃え続け、下手から釜新（釜屋新兵衛、釜屋七兵衛の別家）まで類焼した。火元は傳兵衛の家と七右衛門の家の間といわれていたが、実は七右衛門のこたつより出火したと内々の噂話であった。この時五郎左衛門は入牢中だったので、自分の家が燃えることを恐れ、牢内を駆けずりまわったとの話であった。罪を犯して罰をうけていたとはいえ、哀れであった。

出穀御法度に関しては、蕭鳳が著書にほかにもいろいろの事件を記している。

砂田の穀屋（米屋）の山田屋金助ところに水戸から棒手振《ぼてふり》人（行商人）が来たときのことである。旅館に泊まれば三百五十文とられるので、和田村の懇意のところへ泊めてもらうことにしたので、二百文で米を売ってくれと言う。金助は棒手振人に二百文分として米七合を渡した。これを見ていた砂田の市蔵と横町の佐助が棒手振人の跡を追いかけ、水戸へ帰ろうとするのを連れ戻し、二百文の米を金助から買ったと証言させて役所に申し出た。役所は金助を牢屋に入れ、天保七年三月九日から七月一三日まで入牢させ、さらに穀屋の株（販売権）を取り上げてしまった。

なお、これは出穀御法度でなく、盗みの件であるが、高岡友弥という男が上町の小堀定四郎の屋敷に忍び込み、米二斗を盗んで、その米を百文で五合五勺の割で横町の中嶋屋佐助に売った。これがばれて、佐助は六月二〇日から一一月二一日まで入牢し、ようやく放免された。一方で佐助の親の金兵衛は、請願のために役所へ行ったところ、中村勧農衛は役所を恐れず親が参ったことを咎め、金兵衛に五十日の謹慎を命じた。

以上の事例をみると、米七合で四か月も入牢させたり、親に五十日の謹慎を命じたりするなど、藩の御法度違反に対する刑罰はきわめて苛酷であったことが解る。とくに中村勧農衛の圧政的なやり方が非常に目立っている。

御法度を背かぬよふに守るべし　これぞ世に住む人の第一　　蕭鳳

出穀御法度で蕭鳳自身も危険に曝されたことがある。天保七年一二月一六日に店の醸造所で作った味噌五両分を祖母井の万屋弁七方へ売り、上横町の藤兵衛と万蔵にその味噌を送り届けるよう依頼した。ところが二人は新町の大門の外（国の外）にて差し押さえ、その味噌を付き返して中町の山形屋与右衛門宅に置き、それより村内を触れ回し、釜屋が味噌を祖母井へ売ったのは、味噌も五穀から作った品で、出穀御法度破りであるとして、村の庄屋の定四郎と組頭に告発した。驚いた庄屋は御役所へ内々にお伺いをたてに行った。

「かまやが味噌を国の外へ出すとの申し出がありましたが、出穀御法度を犯したことになるのでしょうか」役人は「味噌は他国へ出しても構わない」との返事であった。

法あれど徳なき人が教へしハ　万民ともにうかうかと聞　蕭鳳

そこで庄屋や組頭達はおおいに思い違いをしていたことがわかり、どうしたものかと思案する始末だった。砂田五郎左衛門の時のように、釜屋に対し皆が協力して訴えようとしたことは間違っていたと知り、押収した味噌を何処へ持って行く訳にいかず、途方にくれてしまった。蕭鳳は、公儀関東八州方に請願する一方で、訴えた藤兵衛、万蔵のところへ相談に行った。二人は合わせる顔もなく困りはて、庄屋も困ってしまった。そして二人は寺へかけこみ侘びをしたいというので、寺は組内に来て二人を許してやってくれと頼んだ。そこでようやく組内にまかせて二人の件は許されることになり、件の味噌を二人に馬で祖母井の万屋弁七方に送り届けさせ、一件は落着した。この時、町内では集会その他の出費があったので、一軒につき三十八文づつ負担しあったとのことであった。

蕭鳳としては、醸造所で作った味噌を、同じ地元の横町の二人に運送を依頼したのに、その二人から雇い主を陥れる行為を受けたことは残念でならなかった。蕭鳳は同じ町内の人々には平素から気を遣っていたにもかかわらず、隣近所のやっかみや嫉妬を浴びて、危険な目にあったのだからその思いは強かったことだろう。

身の科は思ひもしらず主親を　そしる人こそ憐れ成りけり　　蕭鳳

飢饉と借財に苦しむ百姓と商人

江戸時代も中期を越えると、米の凶作などにより百姓の暮らしは苦しくなっていった。当時を記す文書によると、下野国の土地の状況や収穫高、人々の気質等が記されているが、前章で述べた様に、貧困の影響で雇われた人が雇い主を陥れたり、人に隠して御法度を破ったりする状況は、苦しい生活によるもので、誠に気の毒な状況であった。田は耕作しても、収穫した米は年貢として庄屋を含む村役人に取り上げられ、家族が食べていくだけの米が残らなかった。畑を耕す者は収穫物を売って小銭を稼ぎ、それで米を買って食べつなぐ人もいた。どうしても食べていけなくなった時、借金をして次の米の収穫で返金する者も多く出てきた。秋の収穫期になって作柄が悪ければ、年貢を納めた後、借金が返せない。

借金をするには、質が必要で、天明頃以降は田畑を質に入れ、返せなくて質流れで貸し主に渡さざるを得なくなる場合も増えてきた。蕭鳳の店では、寛保元年（一七四一）頃より、田畑の購入が増えてきているが、その多くは借り主が借金を返せなくなって質流れとなったものである。寛保元年より延享四年（一七四七）までの購入は田二反七畝、畑九畝、田畑手形三両、宝暦年間より天明年間まで、田三反、畑四畝、畑手形十二両、その後寛政から文化の末頃にも土地の質流れによる購入があり、その間の屋敷購入も含めて、文化一四年記載の屋敷畑名寄せ覚えによれば、屋敷合計二反四畝九歩、畑は上上畑二反四畝六分、上畑三反九歩、下畑一反六畝二十一分となっている。

蕭鳳の代になるまでに、すでに田畑合計で一町歩をこえる土地と屋敷二反四畝九歩を所有し、屋敷は蕭鳳の代になって文政一二年（一八二九）にさらに横町で表口六間で新町通りまでの屋敷と居宅、隠居、物置を二十四両で購入している。

釜屋の商売は、手堅く信用第一に、かつ相手を納得させるようなやり方であった。これは蕭鳳になっても同じことで、このことは歌集にも表れている。その二、三を紹介すると、

売は高利をとらず安く売れ　末繁昌となると知るべし　蕭鳳

世の中にかし売するは馬鹿ものよ　あいそつかして末は損する　蕭鳳

質かすに顔かし義理はいらぬもの　主人に義理の立よふにせよ　蕭鳳

これらの歌で分かるように、高利を取らず、貸し売りはせず、質は必ず取って商売の安全を図り、商売を続けていたのである。

斯様な商売の方針で築き上げてきた商人としての釜屋が、百姓から搾取したのではなく、藩自体が財政危機を百姓に押しつけ、それにより食うに困るところまで追

い詰めた結果、金子を貸してくれるところから借り、釜屋は商売の方針として質を取ったことによるものである。しかし、釜屋と栄屋（島崎氏）は近江商人として、決して無理を言わず、百姓や商人の生活を気にかけつつ、商売を続けていた。文化四年（一八〇七）には、藩が豪商の鴻池五兵衛から借りた藩の借金を領内の百姓に肩代わりさせようとしたため、百姓はその撤回を求めて一揆をおこして領内の釜屋や栄屋に依頼するように求めた。さらに文化五年（一八〇八）には年貢の減免について藩側が認めなかったため、再び一揆を起こしている。藩が豪商を使って借金を百姓に肩代わりさせようとするやり方を強制されたのは後で述べる芦浦観音寺支配地の場合で、この時は蕭鳳は百姓に肩代わりさせても百姓の反感を買うことなくやり遂げている。

百姓の苦しみは天保年間になってさらに厳しく、一揆により蕭鳳の店も店破りに遭っているが、これは藩の取り立てに困窮した領民が、略奪に至ったものであり、商店が百姓の恨みを買っていたわけではない。この状態は藩の方針の変更を余儀なくされていった。蕭鳳も藩との関係において困難に立ち向かうことになる。

釜屋や栄屋は、百姓の味方として金を貸していたこと、返せない人々に強制をしなかったことは、天保一三年の貸付金書抜帳には百六十件を越える比較的少額の借主名が出ているのを見ても分かる。また、蕭鳳の家訓集によく出ている慈悲と正直は蕭鳳の人柄を偲ばせるものとして、百姓にいかに対処しいかに面倒を見ていたかが窺える。

我も人も我慢身勝手止にして　慈悲正直の道を守れよ　蕭鳳

黒羽下河岸株の質流れ

借金の質流れについて、裁判までいった事例を紹介する。

黒羽町下河岸の経営をしていた萬蔵（改名、三森杏之助）が蕭鳳の先代から二百五十両の金を借り、質に下河岸の株（経営権）及び敷地家屋を出していたが、その返金が滞り、返済できなくなった。すでに蕭鳳の代になっていたが、質流れとなり、蕭鳳が下河岸の経営と家屋敷の家賃回収をやらねばならなくなったことから始まる。

文政一二年（一八二九）夏に、上河岸問屋の七郎兵衛がやってきて、「質を取られて杏之助は家内の扶助にも困り、露命もつなぐことが難しい状態で、渇命にも及びますので何とかお願いします」これに対し蕭鳳は「杏之助、家内共に渇命に及ぶというのであれば、杏之助、家内別々に自分方へ引き取り、扶助いたします。ただし店（下河岸）相続の事は差し置きましょう」と言った。七郎兵衛は「杏之助に伝えます」と言って帰った。その冬に、七郎兵衛はまたやって来て「この間の蕭鳳様の話は杏之助に伝えましたが、本人は御厚情は忝《かたじけ》なく思いますが、運賃の前借り等があって、難儀しておりまして、河岸株だけは渡世に拘わりますのですが、他の借金は諸家様にお願いして引き受けて頂けると思いますが、自分が借りた借金は誰も引き受けてくれません、と申しました。」と言って七郎兵衛は帰村した。そして杏之助に「蕭鳳様に直接ご挨拶に伺って事情を説明しなさい」と申し置いたと言ってきた。

その後、七郎兵衛から書面にて、年末が近いので来春にご挨拶に伺いますと言ってきたままで、早春になっても何の音沙汰もなく、やむを得ず正月二三日に蕭鳳の店の番頭の仙右衛門が七郎兵衛のところへ出かけて行ったところ、倅の良平が会って「親の七郎兵衛は問屋の参会で水戸辺に行って留守なので、話の内容は分かりましたが、親は来月一〇日までに伺うようにします」との返事で、仙右衛門は茂木へ帰って来た。ところが七郎兵衛から二月一二日に書面で「かまやさんの言い分について分からない点があります」と言ってきた。そこで、二月一九日に仙右衛門は再び七郎兵衛宅を訪ね、倅の良平に会ったところ「河岸の一件について分からない点があるので、親の七郎兵衛が昨日黒羽へ行ったので、そこまで行って欲しい」との返事であった。早速仙右衛門は黒羽で七郎兵衛と会って掛け合ったが、本人申すに「分からない点について町役人の阿久津茂右衛門にお願いしました。いずれ当人から呼び出しがあるので、それまでお待ちください」ということであった。そこで、三月七日まで黒羽に逗留し、一旦茂木へ帰ってきた。その後何の音沙汰もなく、三月下旬に再び黒羽へ行って書簡を出したが、「先ずお引き取りください」と言われ茂木へ帰った。役所で聞いたところ、「杏之助は曽我豊後守の御用で出府しているので本人の帰村まで待ちなさい」と言われた。しかし、杏之助が帰村しても何の連絡もなく、やむを得ず同年一二月に仙右衛門が黒羽へ伺いをたてたところ、「年末なので引き取ってください」と言われ、空しく帰って来た。

その後、右一件の取扱人として、左記の者が通知されてきた。

右内済取扱人

黒羽町　油屋源兵衛

同　油屋市兵衛

同　松下屋半四郎

大豆田村　又右衛門

鹿畑村　矢吹内蔵之助

翌年、文政一三年（一八三〇）二月始めに、油屋源兵衛がやって来て、寺子村の九平太に下河岸株を五年貸して欲しいと言ってきた。蕭鳳は「九平太の祖父弥右衛門の証文がここにあるが、その訳を九平太も存じている通りでお断りしたい」と言った。それから二月半ばに油屋市兵衛と松下屋半四郎が来たが埒明かず、三月中旬に同じ両人来て、再び「九平太へ五年間貸してください」と言ってきたので、蕭鳳は「いままで杏之助が諸家から前借りした分を改めさせ、九平太には家賃等定めた上で、五年間貸すのか」と尋ねた。両人は「前借りの返済は我々も迷惑しているので、そのままにして頂いて、御領主様へは釜屋七兵衛の名義で、貸して欲しいのです」と述べたが、蕭鳳は「それではお断りします」と言った。

三月中旬になって、前記の両人が来て、「金子百両調達したので、これを利付けにてお預けしたい」と申したので、蕭鳳は「この百両は家賃の滞り分として受け取りましょう」と言ったのに対し両人は「この金は家賃の勘定には入れる訳に参りません」と答えた。蕭鳳にとっては大迷惑な話であった。両人は「いずれ近々に参上いたします」と言って帰った。

六月中旬になって、両人がやって来て、「この度金子二百両調達出来たので、残りの五十両の内十両を暮れに、残りの四十両と家賃滞り分五十四両合わせて九十四両を八年年賦で返したい。それで先年売渡した下河岸株を戻してください」と申し出た。仙右衛門が応対して「主人七兵衛は出府（江戸行き）留守中につき、帰宅次第返事します」と答えて帰らした。その後主人の蕭鳳が帰宅し、相談したが、蕭鳳はこの条件では承知できない、との結論となり、七月中旬に仙右衛門は黒羽の役場まで申し出た。暫く待つようにとのことで、九月役人の新井紋三が出役して、「永々の逗留で諸雑費もかかり気の毒なので、引き取るように」と言った。仙右衛門は「帰りまして主人にも伝えます」と言って帰ってきた。

九月中旬になって、仙右衛門は再度黒羽の役場へ行き、様子が分からないままでいたところ、鹿畑村の矢吹内蔵之助が出てきて、「茂木へ行って主人の蕭鳳様に御面談したいのです」と言ったので、仙右衛門は本人を連れて茂木へ帰って来た。内蔵之助は「金子百九十八両渡すので、先年売り渡しました下河岸株を返してください」と言ったので、蕭鳳は「六月に来た両人による金子二百五十両と家賃の年賦返済の話と違うのでお断りしたい」と言った。

その後一二月一六日に仙右衛門が黒羽の役場まで行ったところ、先に取り扱った三人が来て、「来年正月中旬まで待っていただきたい」とのことで、茂木へ帰った。そしてようやく二月二八日に大豆田村の又右衛門が来て、「下河岸の件で内蔵之助が病で歩行できなくて延引して申し訳ありません。金子二百両と十両をお渡しし、残り四十両は年々五両宛、八年年賦で、都合二百五十両で下河岸株を戻して頂きたい」と言ってきた。蕭鳳は「これまでの話し合いは次々延引し、段々金額も減少してきている。これでは話にならない、お断りします」と言って帰らせた。

三月五日に油屋市兵衛と大豆田村の又右衛門が来て、「杏之助並びに親類の者共に依頼されてやって来ました。金子二百二十両をお渡しするので、何とか下河岸株を戻して頂きたい」と懇請した。しかし仙右衛門は「最初の話と違うので、挨拶に及び兼ねるのでお断りします」と答えた。これに対し両人は「一四、一五日まで日延べしてくださいませんか」と言って、三月七日に引き取って行った。仙右衛門は飛脚に「余り際限もなく日延べは甚だ迷惑で、当時主人も他出にて話し合いも行き届かず、一三日まで日延べするから挨拶を待ちます」と伝えた。

三月一二日付けの書面を飛脚が持ってきた。その書面は、取扱人、矢吹内蔵之助、油屋市兵衛、松下屋半四郎の三人の連名で、「これまで数回お話したが熟談行き届かず、お断りします」との文面で、手切れの挨拶であった。

以上のような次第で、蕭鳳としては黒羽の大関伊予守の奉行宛に、訴えを起こさざるを得なくなった。一方、先方も奉行宛に訴えを起こしたと聞いた。先方の領分であり、大関藩の領法に従っているが、当方には、下河岸株の株式買請証文、組合請人は勿論、町役人中別しては河舟御役方まで御裏印の証文を請取っていること、大関藩の領法に従って振る舞っていることを申し立てた。そのうえ、先方が「七兵衛は七年前に死去した」と偽りまで言われ甚だ難渋していることも申し伝えた。それまでの経過を説明し、「最初の話と大いに相違し、余りに踏みつけられており、拠なく苦難を申し上げ、御賢察をお願いします」との内容の訴え状を大関藩の役所に提出した。

この訴え状は天保二年（一八三一）八月に、

藤縄村釜屋七兵衛患いに付き、召使代願人仙右衛門

御奉行様

となっており、この訴訟書付書を、河岸株家賃滞一件始末書として、大関伊予守様御領分御奉行宛に出している。

その結果、天保四年（一八三三）に決着し、釜屋七兵衛から御役所宛に、左記文書が出ている。

一、金二百五十両　　主人　七兵衛　河岸株

一、金二百五十両　　主人　七兵衛　利息分

都合　金五百両　　　　　　　　　　この度右引請証文

他に

一、金百八両　　　　　　　　先年来家賃滞り等　帳消し

この結果を見ると、下河岸株は蕭鳳が取り、貸付利息も含め蕭鳳の所有が確定したが、代わりに滞納家賃は権利放棄して相手側を助けた結果となり、法律的な正義は認められず、足して二で割る式の裁判結果で、相手が欲しかった下河岸株は取られずに済んだが、家賃滞納分は相手が得した結果に終わっており、当時の裁判は、他国でする場合に不公平とならざるを得なかったことが分かる。そして、河岸の人達の強引なやり方は、蕭鳳にとっても厄介なものであった。番頭の仙右衛門は釜屋商店のためによく頑張ったと思われる。

かくして、蕭鳳は下河岸の経営に乗り出した。これに関する文書としては、天保八年（一八三七）の舟金之利書抜帳、弘化二年（一八四五）の黒羽下河岸一件入用帳が残っている。

一例を挙げたに過ぎないが、百姓も商人も借財に苦しみ、生活に窮して、悪事を働

いたり、逃げ出す者も多くいたのである。元々生活が苦しいのに、冠婚葬祭等に臨時の費用が発生した時、倹約出来ずに借金を負うことになり、その返済の目途も立たず、また借金をして悲惨な状況を醸していた。

蕭鳳が天保一三年に作った書抜帳には、地域別に百姓商人を含め多くの人々に貸し付けた内容が記されている。件数（個人及び商店を含む）は百六十件を超え、その後返済の印のしてあるのが、僅か十件余りである。地域的には茂木は勿論、烏山、黒羽、大瀬始め、近郊、宇都宮、江戸と多方面に貸付けている。蕭鳳が江戸時代末に茂木を引き上げたこともあり、このなかには質も取れず債権放棄となった事例が多数に上る。

能き事と渡世の道をわすれては　いつでもはまる借金の淵　蕭鳳
よの中はおもふに違ふこと計り　とちとさゝぎの花を見てしれ　蕭鳳

第三章　藩財政の苦難と再建

幕府及び各藩の財政状況と上杉鷹山

時代は少し遡るが、時は享保元年（一七一六）頃の話である。幕府も全国のほとんどの藩も一様に財政の窮乏に苦しみ、将軍徳川吉宗が諸国大名に訴えて、参勤の在府期間を半年免除する代わり、石高一万石につき米百石を幕府に献じるように頭を下げて頼んだ時代であった。吉宗は米将軍といわれ、寛文六年（一六六六）に出された*諸《しょ》国山川掟《こくさんせんおきて》を廃し新田開発を奨励し、検見法の代わりに定免法を採用するなど財政救済の措置をとったが、商人層の台頭もあり、米中心の経済へ引き戻すことは無理な時代になっていた。各藩も財政危機に直面し、米だけでは賄えない時代になっていた。大藩、小藩によって違うが、鹿児島藩の如く文化四年（一八〇七）に借財が百二十七万両で、それが文政末年（一八三〇）には五百万両に膨れあがった藩もあった。ちなみに鹿児島藩の文化一〇年頃の総収入は年間十四万両しかなかった。利息の支払いにも足りな

諸国山川掟　寛文６年（1666年）に江戸幕府が示した。森林の乱開発により、土砂流出が活発になったことから、草木の根株の採掘を禁じ、上流の山方の左右に木立がない所には苗木の植栽を奨励し土砂流出を防ぎ、土砂災害に遭いやすい場所の新田、および既存の田畑の耕作を禁じたもの。

い状況であった。十万両以上の借財をかかえる藩もいくつかあった。それに藩はどう対処していったか、米沢藩の例を見よう。

米沢藩の名君として有名な上杉鷹山は、高鍋藩より上杉家に養子に来て、明和四年（一七六七）元服間もない若い身で領主を嗣いだが、その時の借財は谷田部藩を上回る十数万両で、表向き十五万石で家臣五千人を抱え、年貢徴収の強化はひどいものであった。そして寛文四年当時の藩主の急死で封地も三十万石から十五万石になり、家中の俸禄も半減、元禄一五年には家中藩士の俸禄四分の一借り上げへと藩財政は窮乏の一途をたどっていた。元禄五年の米沢藩の人口は十三万二千人で、そのうち武士とその家族が三万一千人余で百姓は八万八千人だった。すなわち百姓二・八五人で武士階級一人を養っている勘定であった。そのような状況のなかで、家臣も領民も一体となってあらゆる倹約を行い、藩主・藩士をはじめその家族も領民も全て、着物は木綿、食事は一汁一菜を実行していた。そして米だけでは食えないことが分かっていた鷹山は、竹俣当綱ら有能な家臣の意見を入れ、漆百万本、桑百万本、楮百万本を植える計画を立て、苗木の購入と植え立ての資金約五千両を多額の借金のあるなかで借入し、これらが成長した暁に、漆は塗料としてまた蝋燭として売り、桑は絹糸、絹織物になる養蚕業に、楮は和紙にして売り、これで年間三万二千両の利益を出す予定で、大事業にとりかかった。実際は計画どおりには行かず、西日本方面の藩が白い蝋燭を作り出したことなどで、大きな利益は出なかったが、それでも上下一体となって危機を乗り越えるべく頑張ったのである。そのことは上杉鷹山の人徳もあり、百二十万石時代からの藩士たちの忠誠心も手伝い、勤倹節約に徹し、米沢藩を復興させた。米だけで食えない時代を見越した英断であった。

鷹山は天明五年に嗣子へ次の教訓を贈っている。

一、国家は、先祖より子孫へ伝うべき国家にして、私すべきものにあらず
一、人民は国家に属した人民にして、私すべきものにあらず
一、国家人民の為に立たる君にて、君の為に立たる国家人民にあらず
右三条、御異念あるまじき事

天明五年二月七日　治憲　花押

治憲は鷹山の藩主時代の名前で、この教訓は名君といわれた鷹山の人徳を忍ばせる

ものである。

谷田部藩と千本知行所の財政危機

谷田部藩

蕭鳳は、これまで述べたような社会情勢と店の状態のなかで、主人として店の経営をしていくことになった。そのなかで、経営の根本を揺るがす基は谷田部藩の巨大財政赤字であった。

谷田部藩は細川忠興の弟、細川興元が関ヶ原の戦いで徳川軍につき、茂木にいた茂木治良が秋田に転封された後に、一万石で入部したもので、その後大坂夏の陣の功労により、常陸国谷田部付近に六千石の加増を受け、始め茂木が居城であったものが、二代目興昌になって江戸に近い谷田部に居所を移したもので、領地の六割以上を占める茂木には陣屋を置いた。しかし、九代目の興貫の時に一時茂木に移住しているので、茂木藩という名前も使われている。蕭鳳が茂木で活躍した頃の藩主は、七代目の細川喜十郎長門守興徳であった。なお、次の代を継ぐため興徳の長女真如院殿の夫として養子になった細川興祥は武芸に優れていたが、文政十一年に亡くなり、筑後柳川城主有馬家より養子を迎えたのが八代目の細川辰十郎長門守興建である。小澤家文書に出てくる若君である。

谷田部藩の天保五年（一八三四）における借金は十二万七千両に及んでいた。その原因について、文献によれば、元々熊本細川家の分家として、絶えず本家より借金をして辛うじて財政を支えてきたが、前述の通り何度もの凶作による飢饉と、江戸屋敷が明和九年（一七七二）、文化三年（一八〇六）、文政元年（一八一八）、文政一二年（一八二九）、天保六年と五度も類焼に遭い、財政が破綻してしまっていた。

借金の内容は、その七割近くが、藩主細川長門守の本家、熊本細川家からの借入であった。幕府からの借金もあったが、領内からの借入の最大は、当時藩内で最大の資産家であった釜屋七兵衛商店からで、数千両もの貸付を受けていた。この借入は蕭鳳の時代より九十年も前から始まっていた。

藩の小澤家に対する借入申し込みは年々大きくなっていき、五月頃に借りて、一二月に返すとの証文が幾つか残ったまま蕭鳳が引き継ぐことになった。それまでの、借入金を返してもらえず御上にさし上げる上納金が、文化一〇年一二月の上納金高帳では一千四百六十六両二分となり、それに利息を加えると実に一千六百二十六両三分五厘となっていた。

その内容は、小澤家文書にあるものでは延享四年（一七四七）割付上納金一両一分八文が最初であるが、天明年間より頻繁となり、御払米代先納金、年越手形（五百両）等や、前述の江戸屋敷類焼による上納金が類焼の度に釜屋に求められている。なお、寛政二年（一七九〇）には茂木の頼母子講として順栄講が発足し、この講の責任者には、役人の検断小堀九兵衛、町年寄田中弥右衛門等の他、栄屋と釜屋等が加わっていて、藩の御用講の趣きが強く、藩の借入に利用されていたようだ。

なお、当時は何処の藩も同様であるが、米の年貢収入だけではやっていけなくなっており、現在の税金に相当する上納金、冥加金などを徴収していた。しかも資産課税に相当する上納金が増加し商人は苦しい立場に追い込まれていた。谷田部藩の場合、釜屋が茂木内に持っていた水車小屋二軒にも冥加金が課せられていた。

文化から文政そして天保に入り、益々藩の借入要求が厳しくなってきた。借金が返せない代償に、藩の勝手御用達、名字帯刀、裃着用、掛軸授与、冥加金免除（例えば水車小屋二軒の冥加金）、十五人扶持、給人格や中小姓格などと様々な特典を振る舞う一方で、金を借りようとする姿勢を示した。藩は江戸と谷田部と茂木に屋敷や陣屋を構え、三百人を超える藩士（家族を含め千人を超える）を抱え、財政破綻の苦しみに喘いでいた。

国天下治める本は万人を　あわれむこそは第一とする　　蕭鳳

千本知行所

千本は旗本千本小太郎の知行所であった。千本家は那須与一の子孫であり、茂木町の北方に当たる千本地区を支配していた。那須資隆の十男、為隆が建久年間（一一九〇〜一一九九）に千本城を築き、千本家の祖となった。その子孫は千本大和守義経と称し、この城に入った。豊臣秀吉の小田原城攻めに武勲あり、芳賀郡内に二千七十石を扶持され、関ヶ原の戦いで徳川家康に従い、一千石の加増を受け、三千三百七十石の旗本となった。町田、千本、田野辺の三村を知行所として、家老、大谷津氏を置いて支配させ、自らは江戸屋敷で生活をした。

ここも江戸時代中期より財政が厳しくなり、蕭鳳の先代の頃より貸し出しを行っており、寛政八年（一七九六）に御用金並びに御借覚えとして、元金七十五両、元利金八十六両一分五厘の証文と、その中二十五両を現金で、残りを蔵米百三十二俵で返済するとの証文が、千本中根町名主丈助より、茂木釜屋七兵衛宛に出ている。

この証文とは別に、千本小太郎より下された包み紙に、扶持方二人分、紋付小袖六百疋、上下三百疋、御肴二百疋の証文が入っている。

そして、蕭鳳の時代になって、天保五年（一八三四）に千本小太郎家より五十両の証文が入っている。

千本知行所との関係は大きくはなかったが、千本で、酒の醸造所を買いうけ、酒の醸造と販売などを行っていたためで、避けて通れなかった関係と思われる。いずれにしても、相次ぐ飢饉による収入減でここも大変な財政危機に直面していたと思われる。

千本城址の碑と小澤育子　小澤育子は筆者の息女。

才覚と知恵にはいかぬ世渡りは　よき事なして善を積むべし　　蕭鳳

谷田部藩財政再建を託された三人

幕府及び各藩の財政状況で述べたように、谷田部藩の状況も同じく財政危機に見舞われていた。そこに登場してくるのが、二宮尊徳と中村勧農衛と小澤蕭鳳である。この三人には共通した点が次のように三つあつた。

①谷田部藩の財政再建に貢献した。

②出身は百姓または元百姓であった。

③年齢が近かった（天保五年の数え年、尊徳四十七歳、勧農衛四十四歳、蕭鳳四十二歳。

なお、養子に来た谷田部藩の若藩主細川興建は数え二十九歳であった）

この三人のうち、二宮尊徳と中村勧農衛はいろいろな文献に出ているのでよく知られているが、蕭鳳についてはほとんど知られていない。ここで、蕭鳳が残したいろいろな文書をもとに、二宮尊徳と中村勧農衛の行動も含めて紹介したい。

二宮尊徳の偉業

二宮尊徳の幼名は二宮金次郎で相模国足柄上郡栢山《かやま》村で生まれた。貧困のなかで育ち、薪を背負って四書五経のなかの『大学』を読む姿の石像は小学校校庭などでよく見かけたものである。苦労して我が家を興し、貯めた金を貸付けて、利息で殖やしていった。小田原藩の家老、服部家に奉公しながら、自分の貯めた金も貸して服部家の立て直しを図り、財政危機を救った。その基本は「入るを図って、出るを制す」であった。

このことが評判になり、小田原藩の藩主で幕府の老中になった大久保忠真の目にもとまった。藩主の分家である旗本の宇津帆之助（四千石）が財政危機にあったので、その救済を二宮金次郎に命じた。宇津家の領地は下野国芳賀郡で、陣屋が桜町（現在の栃木県芳賀郡二宮町）にあった。二宮金次郎は桜町に居を移し、本格的な財政再建に乗り出した。それまで宇津家の家臣が何度も失敗していた施策とは違って、金次郎は自ら百姓として苦労してきた経験から、「百姓のことは百姓に聞け」と言わんばかりに、村の百姓家一軒一軒をまわりその生活ぶりを調査した。必要資金は自らの貯金も貸し出し、必ず返済の目途もつけさせ、荒地の開発等にも力を注ぎ、成果を上げた者は表彰した。宇津家への年貢は過去の実績を基に一千五俵と決め、余剰が出ればこれを水利や荒地開発等の資金に使い、米の収穫を増加させるように努力した。天保四年（一八三三）の凶作を乗り切った時、尊徳は「天体の運行には周期があり、五十年に一度は飢饉が来る。今後三年はもっとひどい飢饉があると思うので、畑の年貢を免除するから稗を作れ」と奨励している。かくして桜町の財政は再建され、宇津家も危機を乗り切れた。

金次郎の評判は関東一円に広まり、あちこちから藩の財政危機を救って欲しいとの依頼が多くなった。谷田部藩もその一つであった。二宮尊徳の報徳の教えは、勤労（よく働く）、分度（身分相応に暮らす）、推譲（世のために尽くす）の三本柱であった。二宮尊徳はその後幕臣に登用され、報徳の精神で、自らの資産はほとんど残さずに世のため人のために使ったのである。谷田部藩の強引な借入金切り捨て、上納金の強制で破産した谷田部の商人を後から救ったのは二宮尊徳である。今の表現でいえば、農業の専門家であり、経済人であり、金の運用にも優れた経営者でもあった。貯めた報徳金は世のため人のために使った偉人といえる。

君子とは初をよくし終りまで　能勤ては名を揚にけり　　蕭鳳

二宮尊徳の仕法については、古くからの米中心の経済で、藩と百姓のみの生活が主体であった地方の藩にとっては申し分なかった。しかし、江戸末期になると、零細な商人や町人を中心として都市機能が芽生え商業資本が大きくなり、貨幣経済へと移行しつつあったので、藩をはじめ百姓、商人、町人も、金融手段として商業資本（金融資本）を利用した。特に藩は自らの財政危機に対しては、それに大きく依存せざるを得なかった。この事実への対処についてどうすべきか二宮尊徳の仕法には含まれていなかった。ただ借金が多額であれば、年々高額の利息の支払いが発生するので、借金を減らせとの指示だけでは、藩内の経済を活性化させて藩と領民の暮らしを豊かにするという目的には程遠かった。藩による強引な借金の取り消しなどがあった場合、倒産し逃げ出すなどで商業資本が衰退し、藩内の米作と地場産業を含む経済活動は衰退を起こす恐れがあった。しかも、尊徳がその仕法で谷田部藩の農村復興のために無利子で大きな資金を貸し出し農村改革が軌道に乗りかけた時点で、次に述べる藩の対応により、余剰が出た資金を農村の復興に使わず、藩自体の財政に使ってしまい、尊徳を激怒させたことは誠に残念である。谷田部藩は尊徳の真意を理解せず、ただ藩のためだけにやった行動は問題で、藩の圧政により藩士も百姓も商人も共に豊かになることは出来なかった。

尊徳仕法と中村勧農衛の対応

中村勧農衛《かんのえ》は、下野国芳賀郡中村（現栃木県真岡市）に生まれ、代々百姓であったが、弁舌さわやかで、非常に世渡りが上手であった。名前を元順《げんじゅん》といった。農業を好まず、医者となって江戸へ出たが、成功せず郷里に帰り、親しくしていた谷田部藩の藩医の中村周圭のところで薬の調合や代診をしていた。ところが主人の中村周圭が急に亡くなり、周圭には子供がなかったので、元順は養子になって藩医を継ぐことになった。

元々医術はたいしたことなくて繁昌せず、二十五両の借金ができ、その返済のために親戚の桜町の岸右衛門の紹介で二宮尊徳と面会した。尊徳はこのとき元順に私利を図ることを戒め公益に尽くすことを説いたという。これが縁となって桜町の財政危機を救った二宮尊徳の仕法を聞いた。

中村元順は、藩主細川長門守興徳の養子となった有馬家の興建に近づき、当時藩が十二万七千両の借金を抱え興建も苦慮していたので、「谷田部藩の財政改革には、最適の人材がおります」と上申した。興建が関心を示すと、「二宮尊徳という人物は宇津家知行所の桜町で実績を挙げており、藩の改革を頼むことが最適の方法と思います」と答え、「それでは二宮尊徳を藩政改革にお願いしよう」との興建の言葉で、天保五年正月二九日に元順は二宮尊徳に依頼に行き、尊徳の「分度を基本とする復興方法」を天保五年二月一二日に細川興建に報告し、家臣らも納得して、二宮尊徳に藩の復興事業を委ねることになった。

そこで、藩では、二宮尊徳の仕法による分度を決め藩の財政再建計画をたてるために藩の過去十年間の租税関係の書類を二宮尊徳に提出し、天保五年（一八三四）八月一五日に、正式に藩より二宮尊徳に依頼書*が提出された。

二宮尊徳はそれをもとに、細川藩の茂木、谷田部の復興事業の基本計画「細川家為《い》政鑑《せいかん》土台帳」を作り、藩に提出した。

それによると、まず藩の収入は二宮尊徳のところで受け入れ、そのなかから一定限度の租税を細川家へ渡し、過不足は二宮尊徳の責任で処理するとした。ここで細川家の分度は七千六百五十九俵(三千六十四石)で、表向きの石高一万六千石の約五分の一に当たる大変厳しいものであった。細川藩は藩士三百人余を抱え、江戸屋敷と谷田部と茂木の陣屋に務め、家族を入れると一千人を越す陣容で、これを全人口約六千人余で賄わねばならず、大変厳しいものであった。

これを実行するには、分度に見合う支出に抑え徹底的な節減を図り、もし余剰が出れば百姓の救済に当てるという方針であった。これはすぐには無理なので、二宮尊徳は自ら管理している報徳金の中から取りあえず千両を融資して、荒廃した農村に対する用水路、冷水堀、水田の改良や畑の開拓等の復興事業を助けることとした。なお、その後さらに融資を増やし、五年先には合計一千九百五十一両にもなった。そして、

『茂木町史』では細川興建の項に「天保四年以来中村勧農衛を起用して二宮尊徳先生の教えを受けしめ」とあり、『図説茂木の歴史』の尊徳仕法による復興の項に「度重なる中村の依頼に天保五年、茂木藩への仕法を引き受けることになった」とある。

百姓に対しては信賞必罰を行い、彼等の借金の肩代わりまでしてやり、真面目に働く百姓を喜ばせた。

世渡り上手な元順はいつか藩の復興で手柄を立て、一身の栄達を得よう、とその機会を狙っていて、その通りになったのである。奉行職になってからの勧農衛は若年の藩主である興建を後ろ盾に、下々に厳しすぎるやり方をとった。藩士も領民も苦痛を感じていたが、嘉永元年（一八四八）には、筆頭家老にまで出世している。二宮尊徳の仕法は藩として受け入れたものの、藩の内外の人達は勧農衛には危惧の念を持っていた。というのは天保一四年に二宮尊徳が谷田部藩から手を引いたのは、農業振興のために貸し付けた合計一千九百五十一両の無利息五年賦での返済を滞り、分度以外の収入が出たにかかわらず、藩の金に使ってしまい、勧農衛と尊徳との間に確執が生じたのが原因であった。

折角の尊徳仕法による領地内の財政再建の進行中に、その仕法を理解せず、二宮尊徳は勧農衛のやり方に激怒した。尊徳が谷田部藩への仕法のために投入した金銭と米穀は総額一千九百五十一両余に上り、これを無利息五年賦で返済する約束であった。

そして、その投入によって農村がある程度復興し、分度外の収入が生じるようになった場合は、これを農村復興の資金として使う約束であった。しかし、実際に期限の五年がたっても返済はされず、八年たった天保十三年でたった二百六十八両三分しか返済されていず、尊徳の「報徳」の趣旨に背き、分度外の金を藩財政に投入していた。

二宮尊徳は「分度を守り、それを越える米と金銭収入を農村復興仕法に投入すると約したにかかわらず、違約してこれを自分のためだけに抱え込み、復興仕法をなおざりにしている。このままでは領地はたちまち元の如くに荒廃に帰してしまい、当方より米と金を藩の領地の農村復興のために援助した甲斐もなくなる。復興仕法をよく理解して、協力すれば、荒れ地もなくなり、その潤沢な収穫を以て、借財返済、窮民撫育などにあて、人徳を左右に布けば、御領地のみに限らず、つまり国益にもなる。これを理解出来ないのは誠に残念である」と批判している。

これに対し、細川藩は「藩は二宮尊徳様との約束に背き『分度』を守らなかったのは申し訳ありません」と詫びた上で、「藩財政を再建出来てこそ領民の撫育も出来ます」と反論して、藩財政の再建を優先させる論理で返事している。尊徳の言う「農村復興こそ何より優先すべきで、領主階級の分度内での緊縮財政の実践を厳しく要求する」との約束が守られなかったのは誠に残念で、二宮尊徳の仕法は中途半端で元の木阿弥となってしまった。藩における仕法推進の責任者であった中村勧農衛は分度内での財政切り詰めのため、藩主を始め家臣全員が倹約する姿勢を示した形跡が見られず、尊徳の農村復興の貸付金を始め、多くの貸し主を慨嘆させる結果となったが、蕭鳳もその一人であった。

うへの人慈悲正直を元として　下万民をめぐみたまえや　蕭鳳

中村勧農衛と小澤蕭鳳の軋轢

蕭鳳の生い立ちはすでに述べたが、幼少の頃からよく勉強し、米の作柄と米価の変化の調査や、金融による資産の増大などの経済施策等、二宮尊徳の生き方や考え方とよく似ているところがあった。

蕭鳳の家訓集の歌に、

入る事と出る事をば計るべし　あとさきなれば困窮の基　蕭鳳

この歌は、二宮尊徳の分度の考えと同じであり、藩にも個人にも通用するもので、蕭鳳はこれを実行していた。

一方、中村勧農衛は医者から藩士になった人物で、藩主のためと自己のために行動した経緯を見ていると、蕭鳳は肌合いが合わなかったようである。

天保四年（一八三三）は、大凶作となり百姓は大きな打撃を受け、大変な年となった。東北仙台の大凶作により全国的な米不足となり、各地で一揆が頻発し、八月一〇日に釜屋の店も店破りにあったこと、年末には茂木から江戸まで三尺五寸もの雪が降ったことなどはすでに記したが、蕭鳳にとって動乱の始まりといえる。

続く天保五年（一八三四）は蕭鳳にとっては公私ともに心痛の多い年であった。三月二二日に最愛の長男で一人息子の十一代目鶴之助正賢が亡くなったのである。形式的には蕭鳳から家督を引き継いだことになっていた。その悲しみが癒えぬ四月に、藩から重要な用務を仰せつかることになった。

天保五年四月二八日四ツ時、蕭鳳は茂木役所にて、岡勘兵衛、片岡猪右衛門、関口武兵衛の三人より、「幕府老中の沼津の水野出羽守様より谷田部藩に対し、一千両を貸して頂くことについて、蕭鳳一人が受人（保証人）になって印判するよう江戸より仰せつかり、早速承知してくれたので、この度給人格を申し付けられた」との口上があった。

蕭鳳はこれを受けざるを得なかった。なお、若藩主興建が元順に勧農衛の名前と用人職を命じたのは天保五年四月二八日以前である。給人格は家老と用人格に次ぐ要職であり、嘉永元年の藩の構成では、家老二人、用人八人に次いで給人となっている。

ところが、蕭鳳はその後水野出羽守よりの貸入金の相談に江戸屋敷へ赴いたが、はからずもその直前になって富士山の崩れで土砂が沼津の御領分内に押し出したので、沼津の水野出羽守は金が沢山必要となり、拠なく谷田部藩に対し貸付を断った。そのため、印判せずに済んだ。しかし借入金の受人を仰せつけられ承諾していたので、そのままなお受人を仰せられてお請けし、給人格を仰せつかった、と覚書に記している。

蕭鳳は給人格を命ぜられたこともあって、水野出羽守への資金提供等で動かざるを得なかった。藩の極秘の行動で憶測すべきでないかもしれないが、蕭鳳を使えば出来ると考えてやったと思われる。藩の財政が破綻に瀕し、領民が苦しんでいるなかで蕭鳳にとっては耐え難いものであった。

この極秘の幕府老中への接近は何を意味するのか。細川藩主の保全のためだったのか、或いはこの年の四年後の天保九年（一八三八）に幕府老中は水野出羽守忠成から水野忠邦に代わったとはいえ、藩主の興建は幕府の要職、大番頭《おおばんがしら》（江戸城、二条城、大坂城の警備に当たる役職の頭）に出世しているが、この工作のためであったのだろうか。極秘の藩の行動について言うべきでないかもしれないが、藩主を後ろ盾にした人物が、藩主の出世と自分の栄達を望んでやったことなら、苦しんでいる下級藩士、百姓、商人にとっては許し難いものがあったことだろう。

小人に国家を修めまかせるは　下万民のやせる基いぞ　　蕭鳳

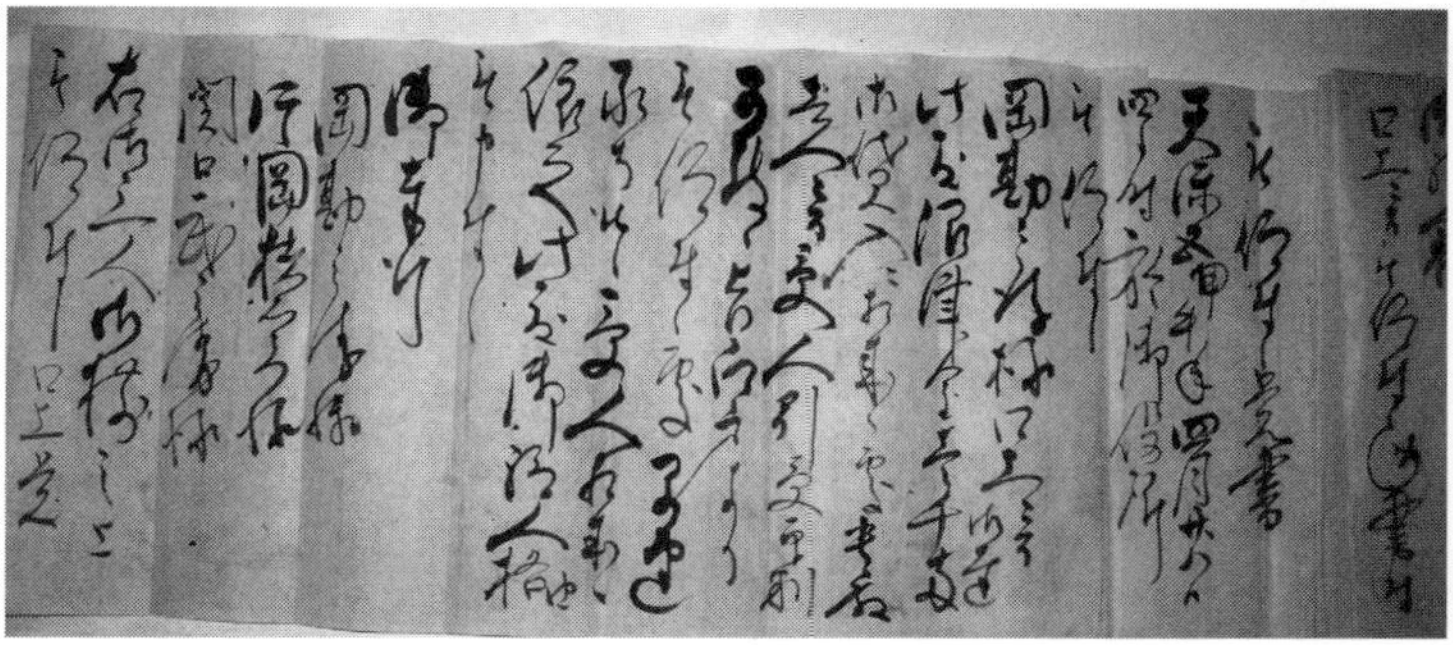

茂木藩給人格の覚書

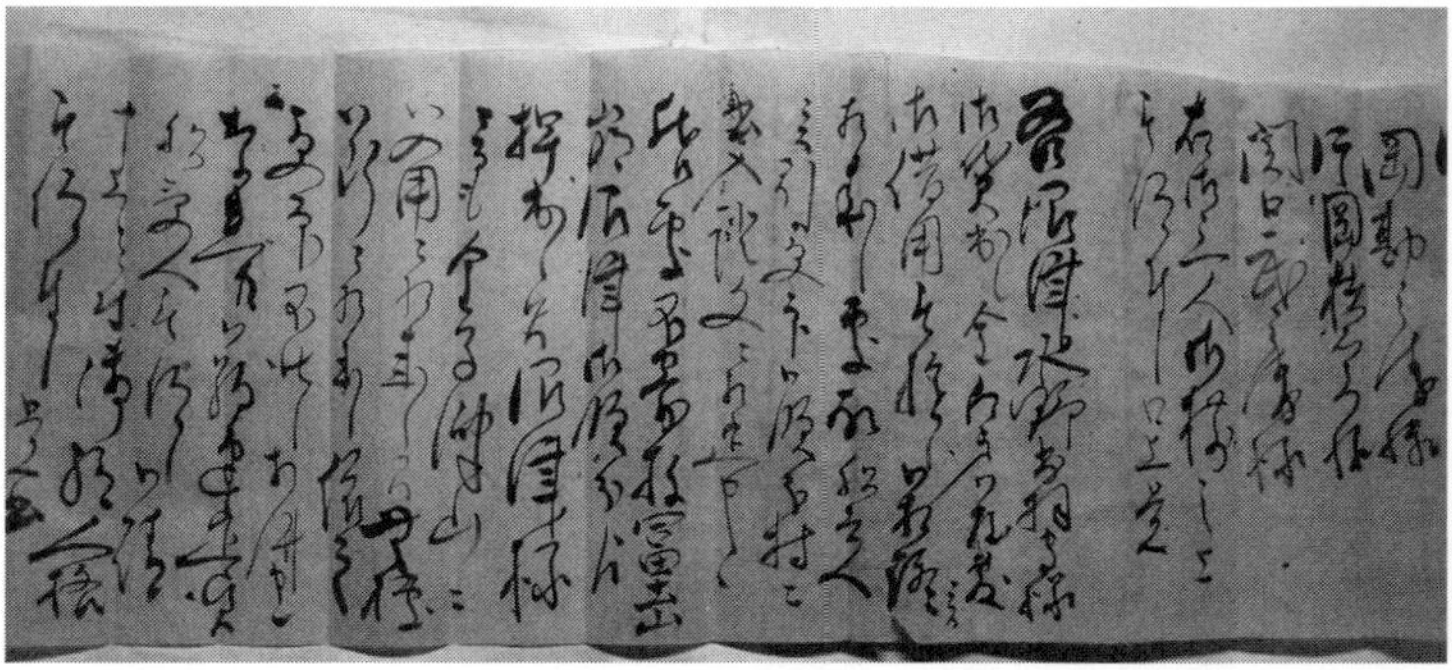

老中水野出羽守貸付金１千両の受人（保証人）覚書　水野老中の地元富士山の災害で貸付は取り止めになったが、なお受人はそのままとする。

二宮尊徳の茂木における活躍については、すでに述べたが、今後の藩の勝手（財政）については、自らの手で実行するので、過去の溜まりに溜まった藩の借財は、藩の方、特に勝手御仕方の中村勧農衛の責任でやってくれと依頼した。当時の借財の合計は十二万七千両であった。問題は、この十二万七千両の借財をどのようにして返済するかであった。借金の内容は、最大の細川本家からの借入金、次いで幕府からの借入金、そして金額は少ないが数多い藩内の財産家からの借入金があった。

「細川藩が分度を立てて、徹底的な支出の削減をし、必死に再建に努力している誠意を説明して、相手の理解を得る様に個々に交渉しなさい」と二宮尊徳は藩に要請した。

中村勧農衛は考えた。現在の藩の借金は十二万七千両あり、利息だけで年間一万三千両近く必要である。借入先の最大は細川本家の八万両で、次は幕府からの借入であるが、ここは歯が立たない。残りは藩内の資産家から借りた小口で全部合わせても全体の二割にもならない。しかし、いきなり細川本家に頼みに行っても、理解を得るのは難しい。まず藩内の資産家から借りている借金を全部帳消しにさせておいて、そのうえで細川本家に八万両の帳消しを願い出れば了解を得られるに違いないと考えた。

そこでまず第一に細川藩内で最大の借入先である釜屋七兵衛商店の主人・蕭鳳との交渉に入った。時は天保六年（一八三五）半ばである。

藩役人「この度、藩の財政再建のため、二宮先生にお願いして、勝手（財政）を委ねることになったが、これまでの借入金を減らせとの二宮先生のご指示であるので、御勝手御仕方の中村勧農衛様のご指示により、その方から借りている借金を帳消しにして、上納金（寄付金）にしていただけないかという依頼にまいった」

蕭鳳「とんでもないことです。これまで藩には百年も前から随分協力申し上げております。三十年程前の文化十年には、それまでの藩への貸付金、一千六百二十六両三分五厘を帳消しにし上納金（寄付金）に切り替えており、最近も一千両の受人（保証人）をしています。とても承知出来かねます」

藩役人「その方が藩内最大の貸し主で、他とも交渉しているが、その方が承諾してくれなければ他はどうにもならない。藩を助けるために何とか考えて欲しい。」

このような会話を繰り返すなかで、日はたち蕭鳳は若干の譲歩を考えざるを得なくなった。

藩役人「何とか考えてくれたか」

蕭鳳「今まで協力してきましたが、借金の返済を延期し、その間の利息は免除するような条件で承諾願えませんか」

役人はこの条件にも全く耳をかさず、また、次回の交渉となった。

藩役人「何とか考えてくれたか」

蕭鳳「帳消しについて考えましたが、せめて半額か七割位で承知してもらえませんでしょうか」

藩役人「駄目だ、全額だ。言うことを聞かないと、中村勧農衛様の命令でお咎めになるぞ」

蕭鳳「とんでもないです。私は何も悪いことはしていません。証文に何日までに返すと書いて印を押した藩が金を返さないのが悪いのです」

かくして、天保七年の四月になって、

藩役人「まだこちらの言うことを聞かないか。中村勧農衛様は、その方が藩の給人格という高い地位にあるのだから、藩のために勝手御仕方の命令には服すべきである、何がなんでも全額切り捨てさせると言っておられる。いい加減に承諾しろ」

以上のようなやりとりが交わされ、承服せざるを得ないことになった、というのは筆者の想像であるが、蕭鳳にとっては悲憤やる方無い気持ちであったことが歌に残されている。

かりたもの払わぬものは大罪人　盗人なれば首を切られる　　蕭鳳

封建体制下で、養子に来た若い藩主の興建を後ろ盾にして、威嚇的、強圧的な中村勧農衛の前に、蕭鳳は苦渋を飲まざるを得ないところまで追い詰められた。谷田部の釜屋次郎兵衛は、藩への貸付金一千百両を帳消しにされ、店が倒産してしまった。自分の店も潰されるかもしれないとの恐怖から、遂に承諾せざるを得ないと判断をするに至った。

そして、天保七年四月二六日、藩役人、岡勘兵衛との最終話し合いで蕭鳳は涙を飲んで、「これまでの御用達金全額をお返しし、上納させて頂きます」との書類に印を押し、同時に、「御扶持は今年限りにさせて頂きます」と返上を申し出た。

藩内の資産家からの借入金については、それぞれ個々に藩で交渉したが、細川藩最大の資産家であった蕭鳳に対する交渉は以上のように凄まじいものであった。小澤家文書に多く記載が残っているが、新しく用人となり奉行役も勤めていた中村勧農衛は、過去の経緯も何も知らず、ただ若い藩主と自分のために、二宮尊徳の指示に従い、封建体制下で無理矢理藩借財切り捨てを実行したことは、藩士、商人と一部百姓にとっ

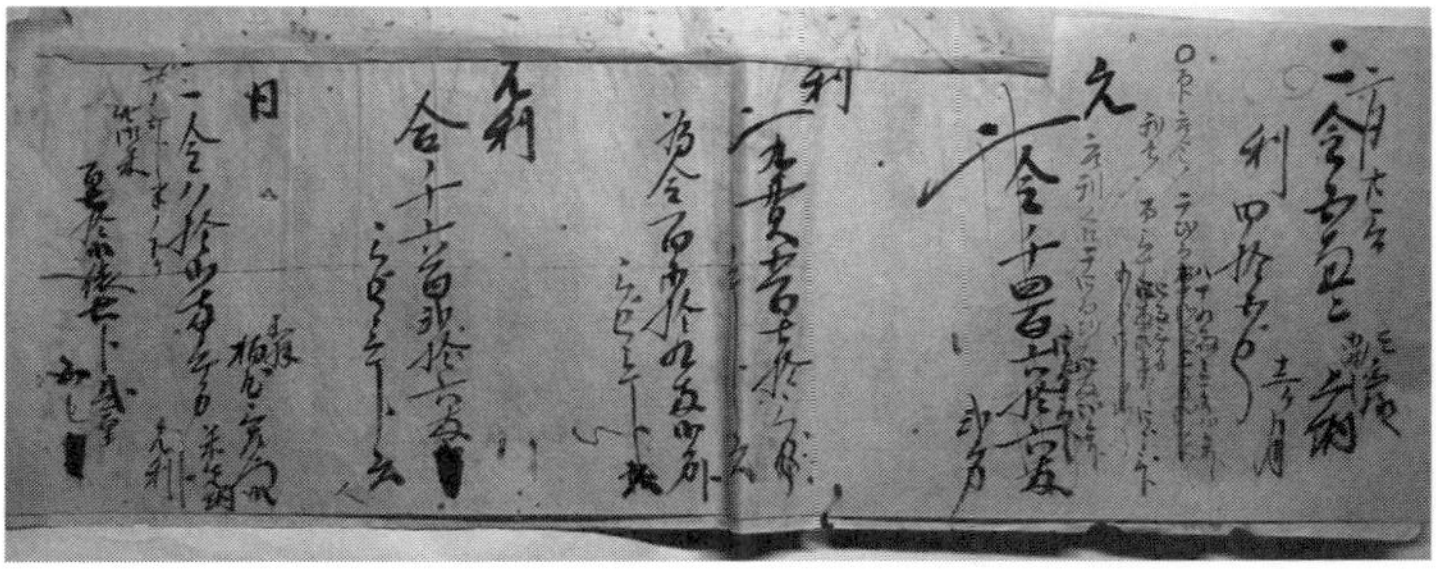

谷田部藩への貸付金を上納に切り替えの証文（文化 10 年） 1626 両 3 分 5 厘の上納が記されている。

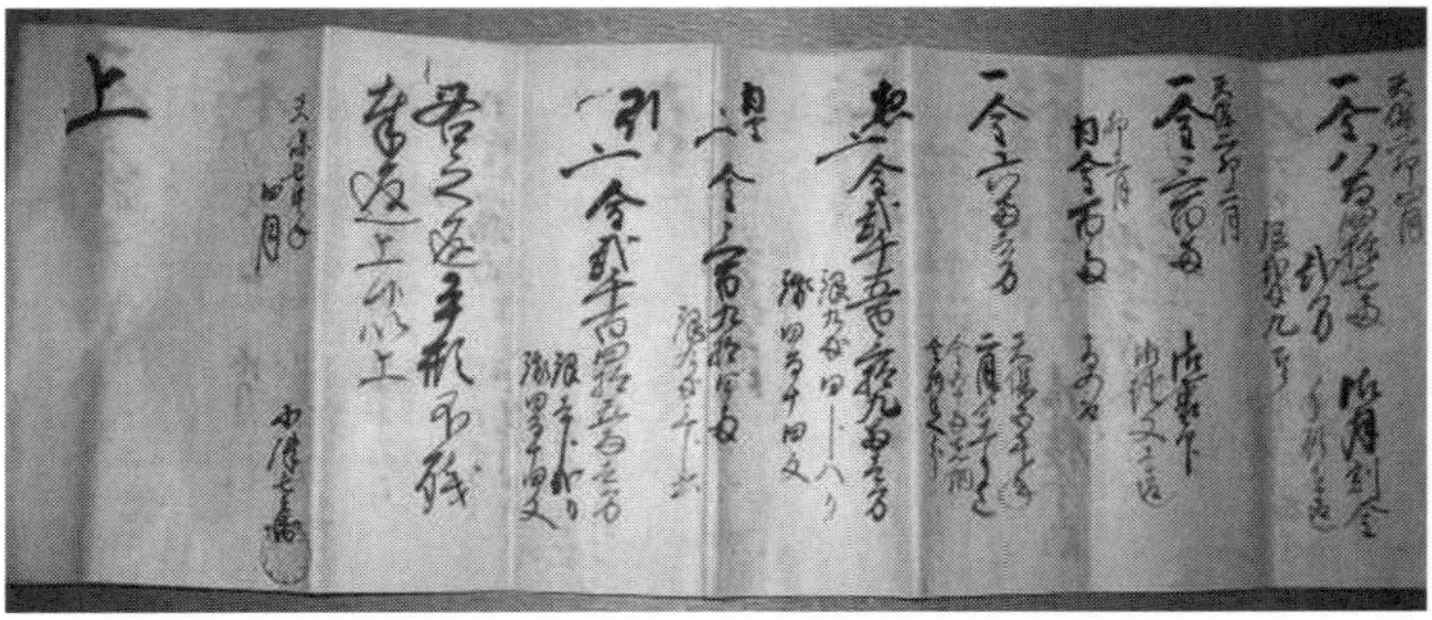

谷田部藩への貸付金を上納に切り替えの証文（天保 7 年）2145 両 1 分他銀、銭等の上納が記されている。

て耐え難いものであったことだろう。

人徳もなき身で人のうへに立　民百姓をしかる身しらず　蕭鳳

文化五年辰年（一八〇八）一二月にそれまで藩に貸し付けていた金額を、藩への上納金（寄付金）に切り替えさせられた金額は元金一千四百六十六両二分、それに利息を加えて一千六百二十六両三分五厘であった。それから二十八年しかたっていない天保七年（一八三六）に二千五百三十九両一分、銀九匁四分八厘、銭四百十四文の藩の釜屋七兵衛家よりの借入金があり、そのうち金三百九十四両と銀九匁三分六厘が内金として入金しているので、差引金二千百四十五両一分、銀一分二厘、銭四百十四文が藩の蕭鳳に対する借金であった。「これを全額帳消しにして上納金に切り替えよ」との藩からの要請は、非情な要求であった。並行して幕府老中への貢ぎ物や、藩の江戸柳原御殿の火事の後の再建のための金額等、全て上納させられており、余りにも苛酷な要求に、蕭鳳は切々と訴えたが聞き入れられず、天保七年四月二六日最後の話し合いを藩の岡勘兵衛と行い、受諾せざるを得なかった。

かりたもの其日限に払うべし　かへさぬときはかたり同前　蕭鳳

この歌には蕭鳳の憤懣やるかたない気持ちがよく表れている。そして、その岡勘兵衛との話合いの時に、蕭鳳はその年限りで扶持を返上すると伝えた。しかし、藩は給人の資格を持つ蕭鳳から後々まだ金が取れると思っていたのか、嘉永元年（一八四八）の藩の家中分限帳のなかに、十五人扶持で載っている。天保五年二月七日に江戸柳原御殿の火災に対し、蕭鳳は二十五両の見舞金を出し、そしてその後、弘化二年（一八四五）に柳原御殿を普請した際、金百両を上納している。さらに、弘化三年（一八四六）一二月には、藩主細川家菩提寺の能持院の本堂再建のため、蕭鳳と島崎泉司の連名で金二百両の借入金の融資を行っており、これには「御家老中村勧農衛」の奥書がついている。にも拘わらず借金を返してくれない。その他藩役人からの百両借入の要請などもあり、いずれも返金なしで終わっている。弘化三年にはさらに藩より、献納金御貸付月賦割合納割合を請け、島崎泉司と蕭鳳が八十両を納めた文書も残っている。さらに嘉永元年（一八四八）、若殿様お乗り出しの献納金の要請にあっている。多額の借入金切り捨ての後になっても繰り返し献納*させる非道なやり方は、蕭鳳にとって耐えがたいものであったに違いない。中村勧農衛は二宮尊徳に借金を減らせと言われ従順に従うばかりで、後先を考えずやみくもに借金減らしをしたのであろうと思われる。

このような藩のやり方により藩内の資産家は大打撃を受けた。谷田部の釜屋次郎兵衛は、藩に貸していた一千百両が帳消しにされたため、大打撃を受け、ついに廃業に追い込まれた。これを聞いた二宮尊徳はあまりにも苛酷な借金帳消しに驚き、後になって次郎兵衛の商売を復興してやったくらいである。

二宮尊徳は細川藩の財政再建について、厳しいながらも慈悲があったが、中村勧農衛の若い藩主を後ろ楯にした強引、非情なやり方には、見過ごせぬものがあったのだろう。特に、彼が計画した幕府老中からの借入に、蕭鳳を一千両の金の受人（保証人）にさせ、それが老中の領地沼津での災害が起こったため、逆に老中への復興資金提供

献納　筆者は第二次大戦前後、父の急死による相続税、それに続く税率90%の累進課税の財産税、続く富裕税、さらに金額は上記二税より少ないが農地解放により、ほとんどの財産を失い、路頭に迷うことも心配したが、それでも完全没収は無かった。

をして極秘裏に藩が幕府老中に接近していたことについては、二宮尊徳は知らなかったと思われる。

かくして藩は、個人からの借入金を全額帳消しにさせたうえで、本家の細川家と借入金免除の交渉を行った。本家は借入金の帳消しについて検討を重ね、分家である細川藩が領内の人々からの借入金を全額帳消しにしたことを聞き、やむを得ぬと、天保八年になって、八万両のうち、六万九百二十八両を免除し、また、幕府からの借金の利息の肩代わりを行った。しかし、八万両全額にはならなかった。

天保八年は土用の天気はよかったが、八月十四日大風が吹いたのと、、前年の大凶作で関八州、東北、北海道が大飢饉となり、近江国の作柄は平年作であったにかかわらず、近江米は越前敦賀から 奥州と松前へ廻り、別に大津から大坂へ積み出され、それから江戸へ廻ったため、近江国も米価が上がった。

そして天保九年（一八三八）になって、米のみならず衣類等の値上がりもあったが、同年五月一一日に蕭鳳の母伊予が亡くなった。それで蕭鳳は近江国篠原へ帰郷した。ところが内緒であった主人の帰郷のことを、藩との話の時に茂木にいた番頭の専右衛

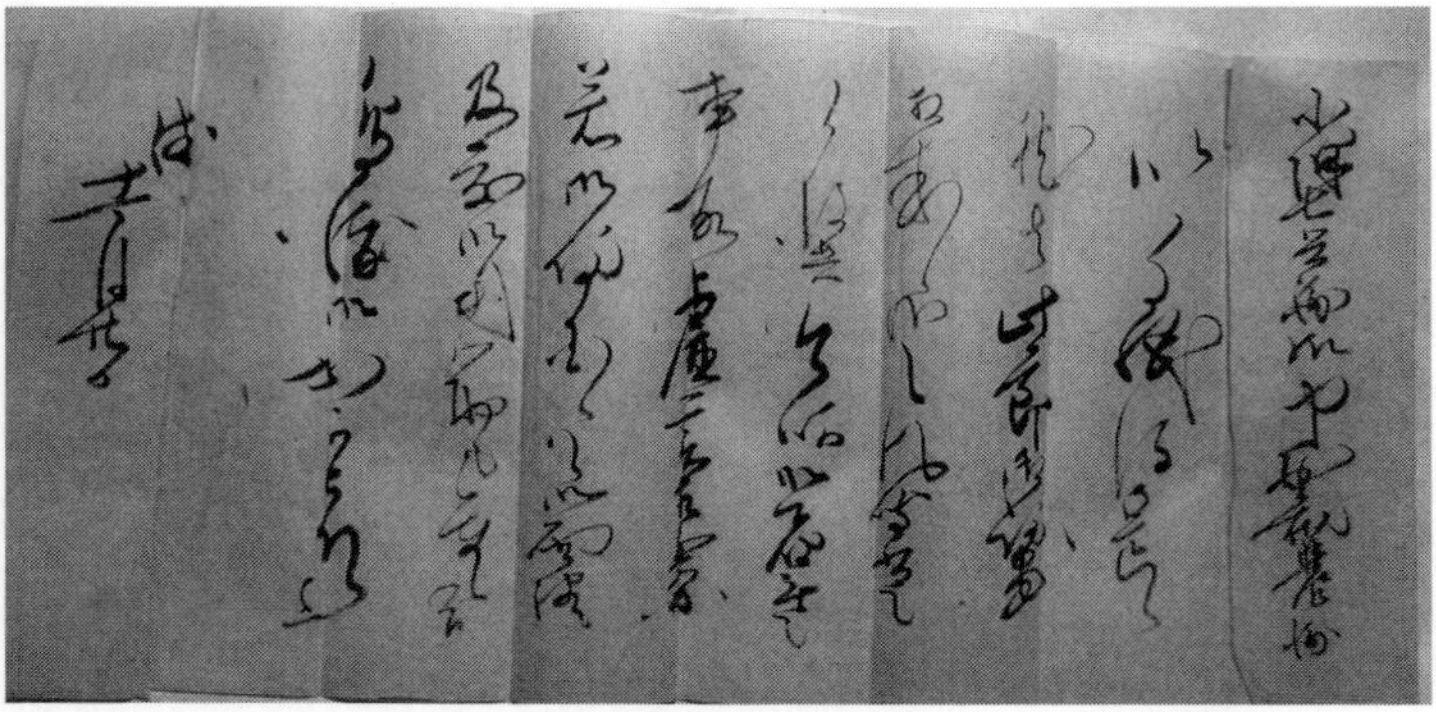

中村勧農衛より小澤七兵衛（蕭鳳）宛の手紙　風聞を耳にしたが、面談したいとの趣旨の手紙。

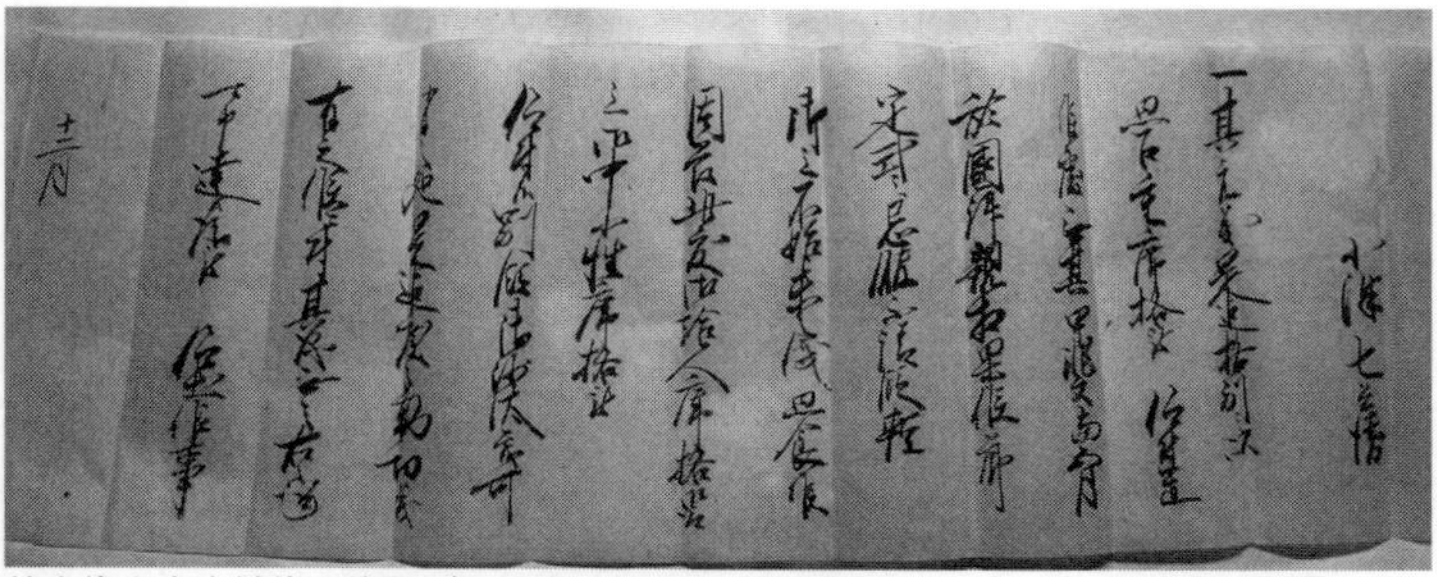

給人格を中小姓格に格下げの証文　親の喪中を届けなかったことに対する処罰。

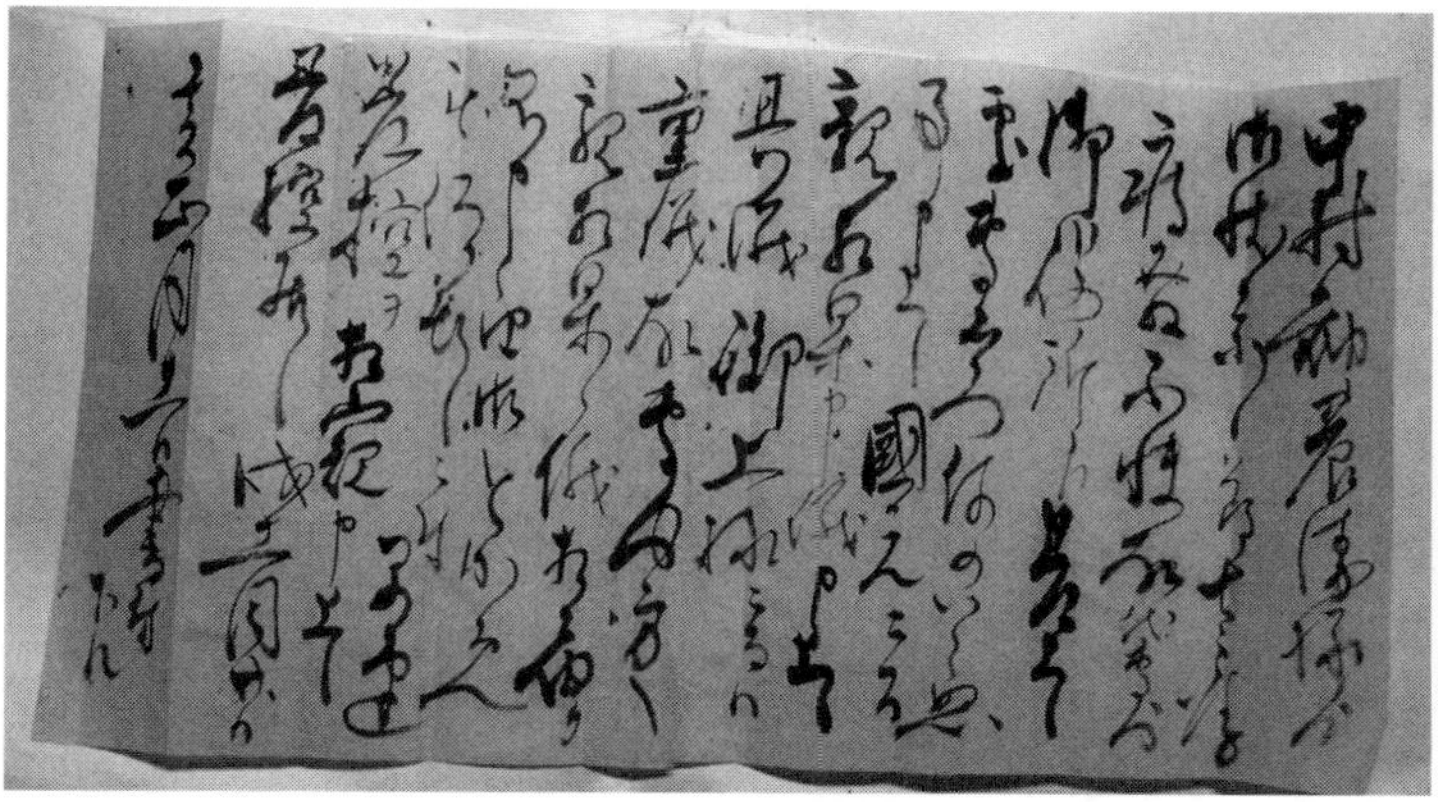

喪中を知らせず国許へ帰ったお詫びと差控え（謹慎）

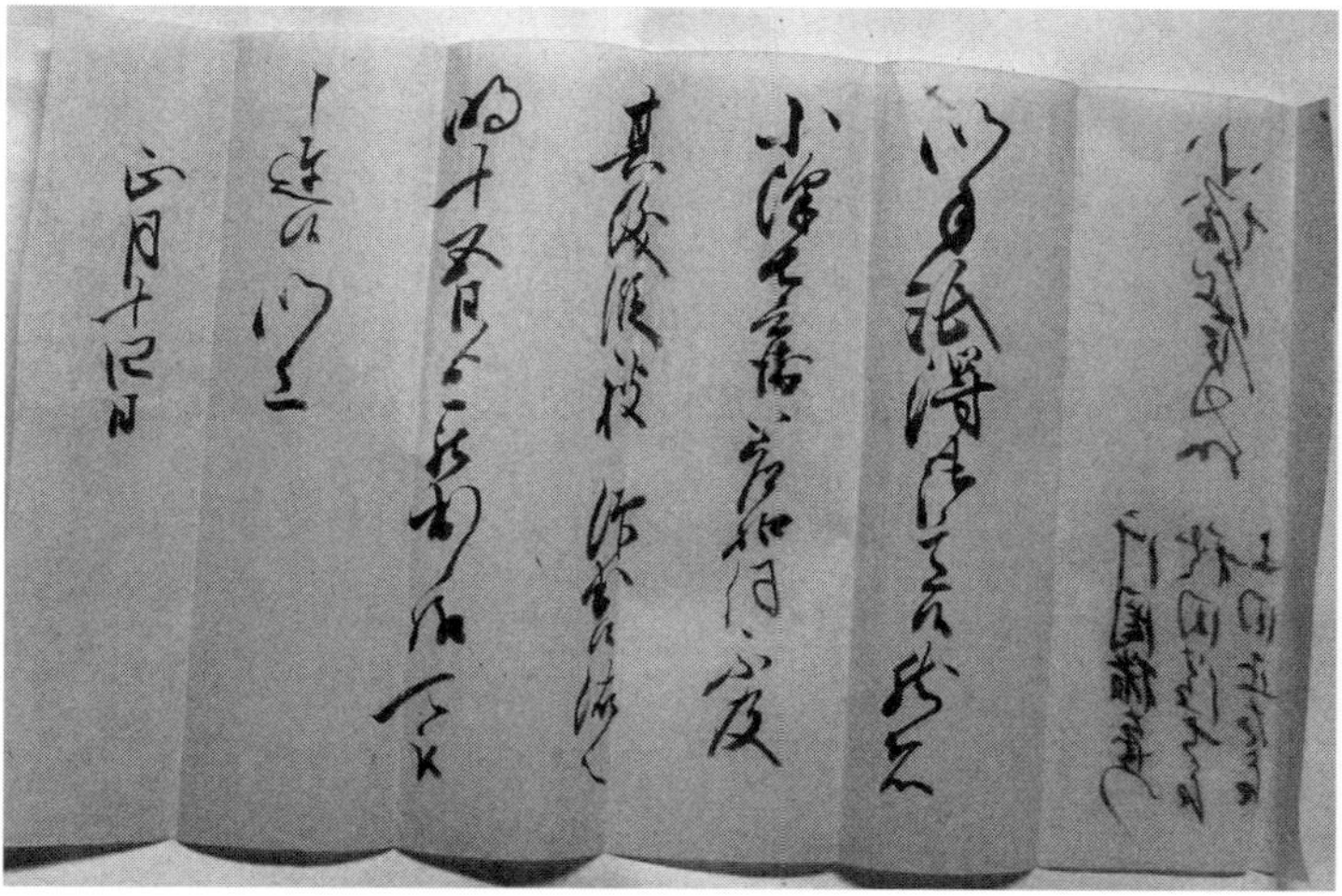

正月 15 日より差控（謹慎）を解く証文

門が口を滑らしてしまった。これを耳にした中村勧農衛は給人格の人間が喪中を届けなかったのはけしからぬと怒り、給人格を格下げして中小姓格にするとの沙汰を受け、天保九年一一月二〇日より天保一〇年正月まで差控え（謹慎）をしていたが、正月一四日の役所からのお達しでいろいろ協力しているので差控えに及ばず、翌一五日より出勤してください、とのお達しがあった。

給人格にしたのは、幕府老中への接近に使うためだったのかと思われ、これにはさすがの蕭鳳も怒りを覚えた。それを歌で表現している。

借りたもの払わぬ癖に鍾馗顔　いかな鬼でもあいそつかすぞ　蕭鳳

この年に、藩主の細川興建は幕府の大番頭に出世し、中村勧農衛は家老に出世している。前年に、若君といわれた興建は養父長門守興徳に代わり新藩主についたばかりであった。そして、天保一四年に興建は藩主を興貫に譲っている。

藩の十二万七千両あった借財はどうなったか。文献によると、

天保五年の減少額　五千九百五十八両
天保六年の減少額　六千四百十三両
天保七年の減少額　二千九百四十九両
天保八年の減少額　六万五千七百三十六両

と、合計八万一千五十六両が減り、残高が四万八千三百九十五両になった。このなかには、天保七年に蕭鳳が貸付金を帳消しにされた金子二千百四十五両一分、銀一分二厘、銭四百十四文が含まれている。天保七年減少額の約七十五パーセントに当たる。そして、天保八年の減少額のうち、六万九百二十八両は細川本家である。

ところが、藩主が大番頭に出世し大坂勤めとなったため、再び借金が増加しだした。これを二宮尊徳が助けを出し復興事業を再び行い、借金は減少した。しかし、二宮尊徳は天保一四年（一八四三）に、茂木の財政改革から手を引いた。表向きは二宮尊徳が幕府の御番帳人という幕臣に出世したためといわれているが、本当は先述の通り、尊徳の仕法を理解せず、勝手な藩のやり方に激怒したためであった。藩が藩主を先頭にして全員が自らに仕法内での厳しい倹約を実行して、破綻に近い財政を改善し、あらゆる艱難に耐えるべきであるのに、他藩に見られるような木綿の着物に一汁一菜という質素倹約もせず、尊徳の貸付金も含め貸主を困窮させその中心であった中村勧農衛のやり方は耐え難いものであった。

蕭鳳は、このままでは谷田部の釜屋次郎兵衛のように店を潰される、先祖が創設して百五十年も続いた茂木の店をこのままやっていては、誠意がなく無慈悲な藩の圧政によっていずれ潰される、と判断した。次の章でその後の蕭鳳の動きを述べるが、軸足はすでに近江国に戻っていた。

ここで、江戸末期幕府も各藩も財政危機に困るなかで、優れた対処をして藩を立て直した米沢藩の上杉鷹山と、谷田部藩の財政危機に対処した二宮尊徳と中村勧農衛と小澤蕭鳳の業績（仁正寺藩に対処した内容も含む）それぞれの比較を述べる。

藩の財政再建に貢献した人の業績の比較

上杉鷹山

藩主と有能な近臣により苛酷な財政状況のなかで、藩主自らが木綿の着物に一汁一菜の食事を貫き、それを上下を問わず、藩士もその家族も一般領民も実行し、鷹山の人徳もあって領民とともに勤倹節約に徹し、米沢藩を復興させた。そして、米の増産だけでは領民を養えないことに注目し、米以外での収入増加を目指し、名君と世にいわれた。

二宮尊徳

二宮尊徳は自らの仕法で、藩の財政改革に尽力し、農業の専門的知識と経済知識を生かし、農業と経済の面で大きな業績を挙げた。農政面で、灌漑用水路や冷水堀、田畑の荒れ地の開墾など農業技術面で百姓を喜ばせ、天保七年の大凶作の時は御救小屋を建てて、窮民の救済につとめ、善政を施した。二宮尊徳が農村復興に尽力した藩や村は、小田原藩、谷田部藩、烏山藩、下館藩、相馬藩、日光神領、桜町、青木村など関東東北など広範囲に及び、その結果、多くの民衆から感謝された。勤勉、分度、推譲の精神で、慈悲の心を持って百姓のために私財を投げ打った人徳が偲ばれる。

しかし、江戸時代末期、幕府も藩も一様に財政赤字に苦しみ、米の増産による立て直しだけでは無理となった状況で、一方都市経済が勃興し、商人町人によって消費と雇用も含めて米以外の製造業や流通業により貨幣中心の商業資本が増大しつつあった。

二宮尊徳の仕法は、藩の農村復興には極めて偉大な成果を生み、百姓を喜ばせ、特に相次ぐ飢饉に苦しんだ関東、東北地方の人達には、救いの神とまで崇められた。しかし、零細商人町人も含めた商業活動に対する仕法がなくて、農業振興に自ら先頭に立って、農業と経済の復興に大きな業績を挙げたが、時代の変化に対応した点が不足であった。特にただ借金を減らせという指示は、谷田部藩の場合、強引に借財を切り捨て上納金に切り替えさせる結果を招き、さらに藩は二宮尊徳の仕法を理解せず、農業復興に廻すべき金を藩の赤字補填に廻して二宮尊徳の叱責を受け、二宮尊徳が藩から手を引く結果を招き、仕法が中途半端に終わるという結果を招いている。

借金の全額帳消しや、仕法の未完成は全て藩の中心にいた勧農衛の責任であるが、復興に必要な商業資本の衰退を招き、長期的に藩全体の経済に問題を残した。

中村勧農衛

中村勧農衛は、二宮尊徳を招聘して藩の財政運営を委ね、自らは政治的手腕で若き藩主興建に取り入り、藩主を後ろ盾に二宮尊徳の指示をそのまま実行し、藩主を幕府大番頭《おおばんがしら》へと押し上げ、自らは譜代の用人家臣を差し置いて筆頭家老へと登りつめたが、余りにも苛酷かつ強引なやり方で多くの下級藩士、百姓、商人に犠牲を強いた。農業の技術的改革は二宮尊徳の仕法によるものであり、勧農衛自身はそれに従ったまでであり、本人だけの功績とはいえない。そのうえ、特に幕府老中への接近に蕭鳳を利用していたことは批判されるべきである。尊徳の項でも述べたが、江戸末期、世の中が変化しつつあるなかで、米の増産は勿論必要であるが、米以外の産業、製造業、流通業などの発達の芽を摘み、一方で二宮尊徳の仕法で得た利益を百姓のためでなく藩の財政のために流用し、尊徳仕法を中途半端に終わらせた責任は大きい。藩の借金体質を改善出来なかったのは、藩の外に対し厳しく内に甘くて、他の三人との大きな違いは、藩も領民も赤字に苦しんでいるに拘わらず、藩自体の財政危機に対し、藩主を始めとして全藩士が質素倹約に徹することをしなかったことである。

小澤蕭鳳

小澤蕭鳳は、藩の上部の役職を務め、藩、百姓、商人のために、自らの財産を差し出して藩内最大の金銭的犠牲を強いられたが、その代償は余りにも無慈悲、非情なものであった。家老中村勧農衛のやり方で、店が潰される恐れが出てきて、蕭鳳は茂木からの撤退やむなしとの悲壮な決意を懐くことになった。筆者が子供の頃、祖母から「御先祖が何百年も前から下野国茂木で大きな商売をしており、寺やお墓もあったのに、藩よりお金を幾らでも取られるので茂木を引き払って篠原へ帰ってきた」と聞いていた。

釜屋七兵衛商店が茂木に創業した享保四年（一七一九）より百数十年に亘り、谷田部藩に上納したり、貸付を切り捨てられて上納した金額は嘉永年間まで入れると、合計六千両近くになり、そのなかで、中村勧農衛が圧政ともいえる強引な政治を行った十数年の間の金額は、四千両を超える。その頃の切ない気持ちを詠んだ歌を本章の終わりに示す。

その後、国許近江の仁正寺藩の勝手方となってからは、茂木での苦い経験をくりかえすまいと、財政危機の藩の立て直しには、尊徳の仕法を参考にしている。

一、収入増加のため、米の増産に必要な荒地開墾や灌漑用貯水池の修理等の実施と、藩米を出来るだけ高く換金するため、可能な複数販路を利用する。

一、支出の徹底的な削減のため、質素倹約を藩主始め全領民に要請する。

一、領民には慈悲と正直の精神で、嘘は言わず、搾取せず、領民に犠牲者を出さない。

一、領民に勤勉を勧め、米以外の産業も興させる。

藩主藩士およびその家族を始め領民すべてに、木綿の着物に一汁一菜など多くの倹約令を出した。仁正寺藩でも勝手方の立場から、自ら犠牲となって藩に対し四千両を超える金子を上納または貸与したので、茂木を含めた上納額は約一万両にも達した。これは領民への収奪の防波堤の役目を果したことだろう。

国天下治める本は万人を　あわれむこそは第一とする　蕭鳳

飯と汁木綿着物は身を助く　其余は御法度御趣意なるぞよ　蕭鳳

茂木からの撤退を思考する蕭鳳

撤退への決意

蕭鳳は、釜屋七兵衛商店が百五十年以上に亘って、茂木を中心に、藩、商人、百姓、安養寺など多くの方々と交流を深め、商売も繁栄をしてきたのに、藩の役人、特に中村勧農衛の非情な仕打ちにあった。正直で慈悲深かった蕭鳳は、耐えきれなかった心情を歌に詠んだのを、再度紹介する。

借りたもの払ぬ癖に鍾馗顔　いかな鬼でもあひそつかすぞ　　蕭鳳

そして、商人を苦しめる中村勧農衛にあいそをつかした蕭鳳は、釜屋七兵衛商店の茂木からの撤退の準備を始めた。

そして茂木撤退の決意を固め、その当時製造中の酒、醤油、味噌の醸造を近江の国許へ移すことを考え、醤油の醸造については、近江国篠原の本宅の敷地（六百坪）のなかに建物を建てて、醸造を始めることとし、酒については、番頭の小右衛門に醸造を始めさせた。ただし、資金は蕭鳳から出す。さらに、江戸日本橋で商売していた近江屋三右衛門が商売がうまくいかず蕭鳳は度々お金を貸しているので、江戸日本橋の店を引き払わせ、近江国鏡山に近い西川村で、酒造業を始めさせる。これにも蕭鳳から資金を出すこととし、茂木撤退の準備を始めた。茂木一番の富豪といわれていた蕭鳳にとっては、藩、百姓、商人の多くと付き合いをし、協力もし、支援もしていたので、特に世話になった島崎や、釜新、安養寺など多くの人々との別れを決意しなければならず、苦しい気持ちであった。もちろん、すぐには商売の関係で手を引く訳にいかないが、思案を重ねる日々であった。撤退についてもう一つ考慮しなければならないことは、近江国大篠原を領地としている仁正寺藩の様子であった。ここも財政が厳しく蕭鳳にとって厄介な存在であった。

そして、謹慎の解ける天保一〇年正月一四日以後も近江国篠原にあって、いずれ別れなければならない人達、親しかった人達や、悩まされた人達との思い出に浸るなか、しばらく静養していた。茂木に居ると藩から何をされるか分からないとの恐怖心も多分にあった。そして、番頭の小右衛門、専右衛門、茂七や、近江から茂木へ行っている従業員を国許へ帰らせた。

茂木の醸造所の仕事については丸屋徳兵衛に任せることにした。一方、国許へ帰った小右衛門、専右衛門、茂七などの番頭を始め従業員を、蕭鳳の本宅の醤油醸造所、小右衛門の酒醸造所などの仕事に就かせた。

そして、謹慎が解けてから二年以上たった天保一二年（一八四一）一〇月に、様子を見させるため、番頭の茂七を江戸と茂木に派遣した。しばらく後の天保一三年春に茂七から状況報告の手紙が来た。

番頭茂七の手紙

出立の時には御主人宅で御馳走になり有り難うございました。途中江戸の細川藩ご陣所で用向きのため三日滞在し、途中黒子にて一日逗留し、一一月一一日無事茂木に到着いたしました。

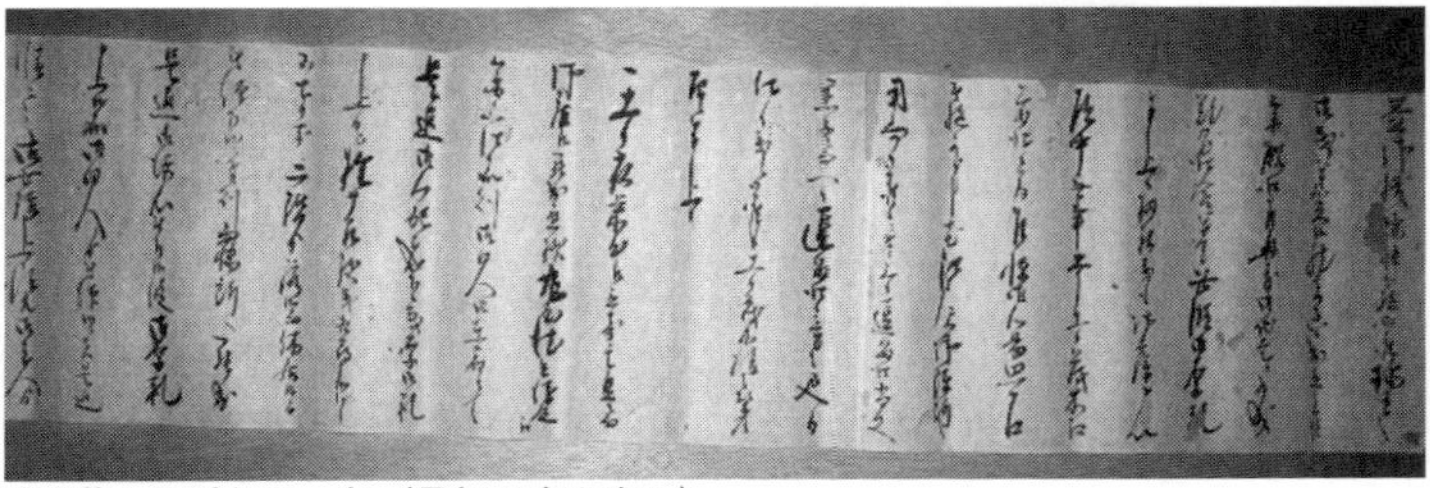

番頭茂七の手紙の一部（最初の書き出し）

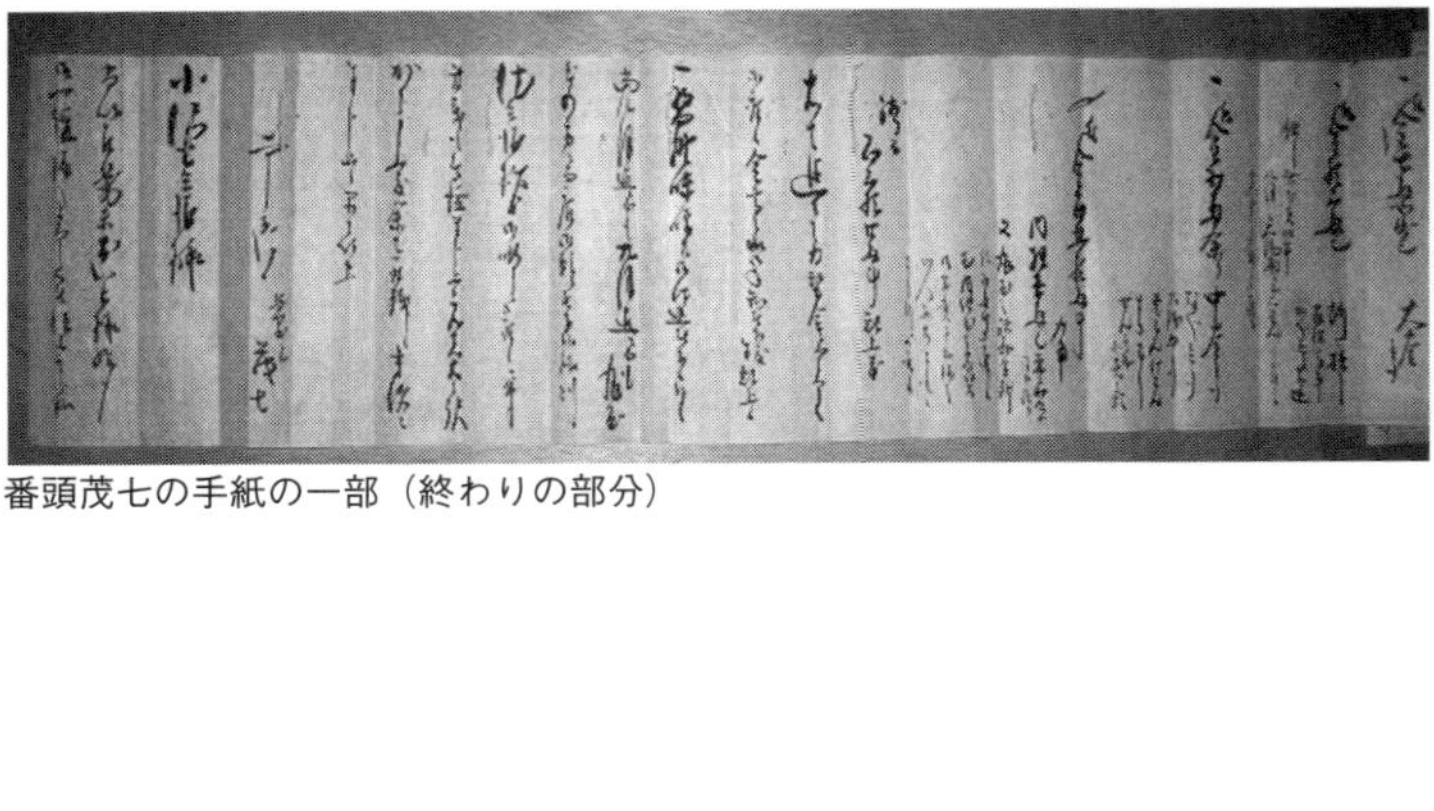

番頭茂七の手紙の一部（終わりの部分）

一、一一日夜栄屋（島崎泉司）へ挨拶し、その足で丸屋徳兵衛にお会いし、お礼申し上げました。丸屋の近しい男で当店の世話を直接している権十郎のことを尋ねましたところ、彼は五～七日前に二階から落ちて休んでいるとの事、すぐに彼の寝所に伺い、いままでの御礼を申し上げた所、彼から、これまで精々世話をしたのに釜屋の主人から御礼状も参らず、最早釜屋の世話はしたくないとのお話でした。存外の言葉でそのまま聞き捨てにしました。その晩丸屋方で世話になり、一二日の夜より栄屋でお世話になり、都合良く参りました。一三日には、御奉行四軒*、それに小堀様へそれぞれ金子二朱づつ、進物として真綿持参しました。

一六日に右五軒始めご一統様にご挨拶に伺いました。小堀様より店の名前について思い切って申し上げたところ、藩内で内々伺っておられ、差し支えないとの返事でございました。そして小澤氏が店の相続を誰かにさせるお積もりであれば、骨を折るので心配なき様にとのお話で安心いたしました。

一、御用達の件その他についてはお聞きになりました。丸屋方から昨年中預かったお店の品物取りそろえお渡ししたいとの話がありました。お願いした品物は追々売れて、

御奉行四軒　片岡猪右衛門、秋田清七郎、上田正太郎、中村勧農衛と思われる。但しこの四人は天保七年末の奉行で、天保十二年には若干の異動があったかもしれない。

鰊味一石もない程になり、味噌も五〆目も無い状態で、後十日ばかりで品物残らず売り切れる状態と聞き、驚きました。丸屋へ行って、徳兵衛に「このままでは十日も経てばお客様に品切れのお断りをせねばならなく、国許の主人にも報告せねばなりません」と申しました。丸屋徳兵衛は「誠に申し訳なく、何分任している権十郎の了簡がよろしからず品物を品切れにいたし、ご主人様に申し訳無く存じます。」と言って心配してましたので私（茂七）から、「昨年店をお預かりした時の条件と大違いなので、国許の御主人に申し上げたら、御機嫌悪くされると思う。折角、丸屋徳兵衛様にお世話になったのにこのままでは済まなくなります。一度とくと丸屋様にお考え頂きたい。その上で国許へ連絡しましょう」と申しました。丸屋徳兵衛は、「おっしゃる事ご尤もに存じます。私の心得違いで誠に申し訳無く存じ、御主人様のご立腹なき様にお願い申します」と申しました。私は「左様なお考えであれば、主人様に連絡して、その返事が来るまで、店を預けます。」と申し、丸屋を引き揚げました。

権十郎の了簡違いで斯様な事になり、心配をおかけし申し訳ありません。ただこれまで店の勘定は立てておりまして、早々に仕込みを致したくお伺い申します。尤も、大豆・小麦等は少々手当いたしましたが、思し召しに叶わなければ、何時でも売り払いいたします。

右に付き、この度栄屋（島崎泉司家）の御登金（商売で得た利益の一部を国許へ送る金子）が五十両でありますので、その金を茂木で拝借し、近江国日野の島崎理兵衛様より篠原のご主人様の所へ請取りに来られたら、お渡し下さる様お願いします。もし、ご主人様の思し召しに叶わなければ、取りやめますので、御返事のあるまで、栄屋に五十両はお預け致しおきます。

一、権十郎は御主人に対し、礼状も寄越さず店の世話もしたくないと不満を言っていますが、元々店は丸屋徳兵衛にお預けしたもので、ご主人様より御挨拶の書面は丸屋様宛でよろしうございます。権十郎が不足を言ってますがご心配なく、お聞き捨てにして頂きたく、相談相手にもならない者でご安心願います。

一、御店の相続をさせる者について、国許を出立する前に、出庭村の国松金左衛門殿の倅、松治郎と申す者が万事賢い男で、この人は六左衛門（蕭鳳）様の御親戚の中で、よくご存じなので、早々に（茂木）へお下りなられます様、仕度をお願いします。尤もこの度書面も出しておきました。

仕入れについて、麹《こうじ》は喜三郎殿にお願いし、その他について、松治郎と私の両人でやる積もりでございますので、御承知願います。私も当節、栄屋に少々用向きがあり、その間は松治郎殿へお頼み申し置く所存ですので、松治郎殿の早々のお下りをお待ち致し下ります。恐れながら蕭鳳様には出庭村まで依頼のため人を遣わして下さる様お願い申します。

一、入用金左記の通りです。

一、凡　金六拾両也　　鰊味三本　　よろしきもの
一、凡　金拾六両也　　味噌二本　　右同断
一、凡　金参拾五両也　　塩油仕込　　右同断
一、凡　金五両也　　槙之見込
一、凡　金六両也　　夜具之見込
一、凡　金七両二分也　　大釜壱つ
一、凡　金拾参両也　　所々損じ、屋根、高塀、壁直し見込み

但しこの分は昨年八月の大風雨にて大損じになったので、多分の入用です。

一、凡　金五両余り　中釜壱つ、鍋壱つ、火鉢弐つ、茶碗、汁椀、

まきわり、膳、その他小物の類

〆　凡　金百五拾両程入用

内拾壱両也は松之助殿より請け取る積もりです

又、丸屋の諸勘定残り、凡そ五両ばかりあります。

尤も、内池様の家賃、御年貢として千本様の弐人扶持との差引がございます。

残りの金百参拾四両をお願い致します。

右金額は追々の為替金でよろしく、金高の方を御承知下さいます様お願い致します。

一、醤油、味噌とも御仕込み下されば、尚八月までも、九月までも丸屋に店をお預け下さる様、徳兵衛氏がお話しておられるので、一寸申し上げます。

先ずは右訳がらを申し上げたく、残りは重便にて申し上げます。　早々以上

二月二十八日　栄屋にて

茂七

小澤七兵衛様

なお、末筆ながら、おいと様（蕭鳳の妻）始め御一統様へよろしく仰せ上げ下さいます様お願い申し上げます。

以上

以上二メートルを越える長文の手紙の概容を紹介したが、蕭鳳が国許にあって、藩のことにも気を遣い、店については一時的に丸屋に預けていたが、店を譲る積もりであることもはっきりしている。

その後紆余曲折があり、一時は小林利右衛門にも世話になり、最後、蕭鳳に多額の迷惑をかけた伴傳兵衛の家族の伴藤四郎に店を貸すが三年で亡くなったので、結局栄屋島崎泉司に全てを任せて、完全撤退したのは明治一〇年であった。その時は蕭鳳はすでに亡く、十二代目の時代であった。かくして、少し戻るが天保一二～一三年頃より、蕭鳳はいよいよ近江国の藩と百姓との関わりに没頭していくことになった。

船と水中よくてこそ乗わたれ　心のあらき浪風ぞうき

蕭鳳

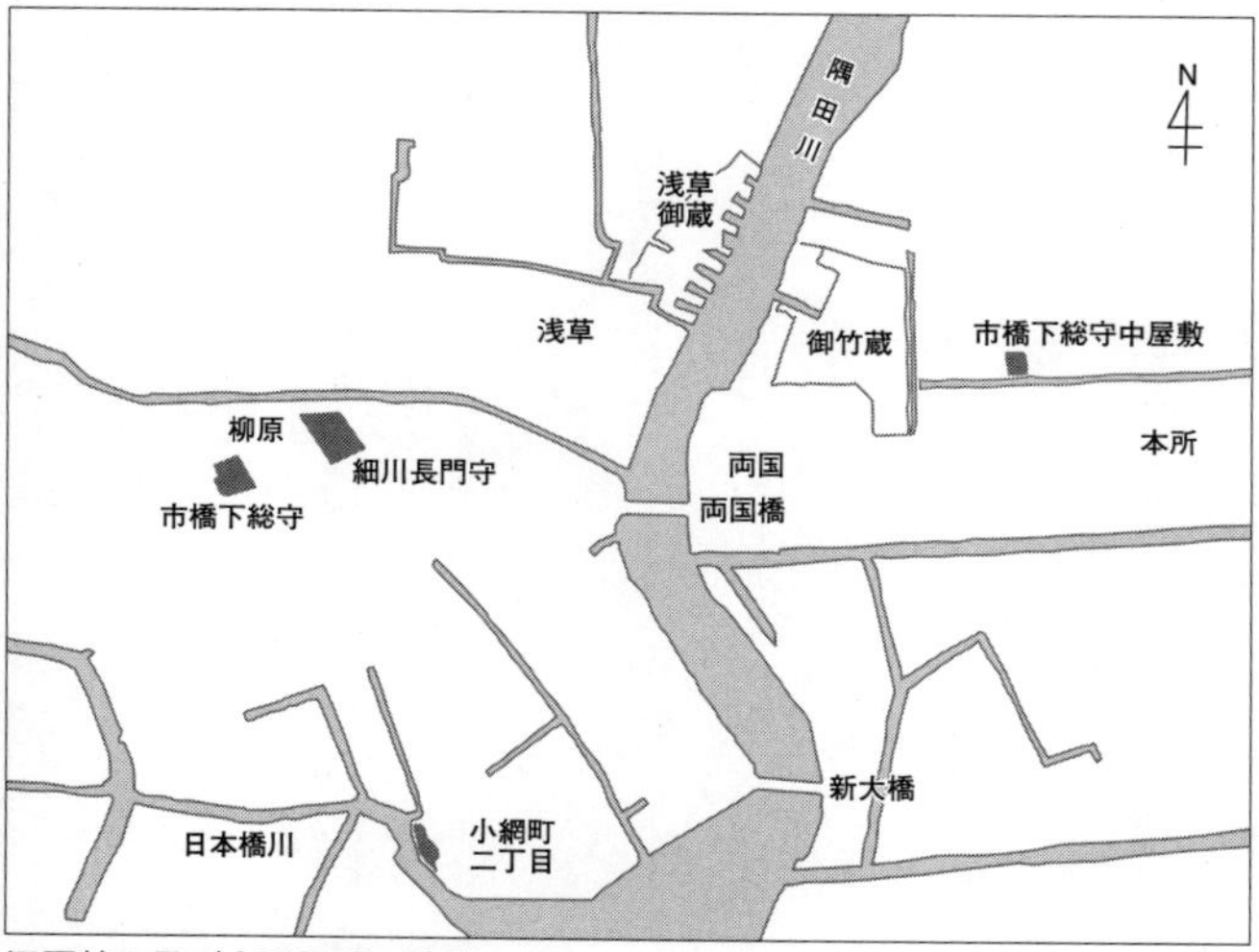

江戸神田及び本所附近の地図

第四章　仁正寺藩勝手方と蕭鳳

近江国の状況と仁正寺藩

近江国の状況

琵琶湖を囲む近江は、古代から栄えた土地であるが、江戸時代になって近江十三郡八十三万二千百三十石で、京都に近い場所のため、幕府は彦根の井伊藩（三十五万石）、膳所の本多藩（六万石）の他は全て小藩を置いた。そして、住民はほとんど百姓で、下野国と同じく、米の作柄に大きく生活が左右されていた。ただ関東、東北で厳しかった天明の大飢饉の影響は、関西は比較的軽かった。しかし、天保の大飢饉は近江にも大きな災害をもたらした。

天保四年（一八三三）の凶作は、土用より冷気が厳しく、綿入れの着物を着た。八月一日に関東は大風で、箱根の東は特にひどく、関東、東北の米作は大凶作となった。

そしてあちこちで一揆が起こり、茂木の店も店破りにあったのは先に述べたが、関西は比較的被害は少なかった。そして、天保五年には春より度々雨が降り、心配されたが土用に回復して、平年作に近かった。天保六年は六月頃より度々地震があり、七、八、九月は二日に一度宛地震があり、これ以後変化が起こり、天保七年の大凶作を迎えた。

天保七年は四月二日より八月六日まで雨が降り、このうち四~五日は雨止んだが曇り空のままであった。七月大雨風で大荒れとなり、諸国で洪水が起こり、さらに七月末より八月一日五ツ時まで大雨風にて諸国で洪水が起こった。近江では四月から続いた雨に大風が来て、七月の初めに大洪水となり、琵琶湖の水面が平常時より一丈も上昇し、湖岸の近くは水没のため、植え付けた田は全て収穫皆無となった。そして、近江八幡の寺内筋、池田町、本町、上之町五丁目まで水が押し上げ、田中江村、江頭村まで水が押し上げた。筆者の祖母から「蕭鳳の妻の里、江頭の坪田與治右衛門家は一階の庇まで水につかり、同家の子供達を二階から舟に乗せ、篠原まで運び、当家で預かった。」と先祖の話として聞いた。

土用も雨降り、そのうえ度々の大風が来て、関東では七月末日から八月一日にかけての大風雨で、大凶作が見えてきた。近江の米の作柄は関東ほどひどくなかったが、前述のように湖水周辺は皆無で、篠原付近は一反に付き五の半作であった。そして、関東八州、東北、北海道は大凶作のため、近江米は越前の敦賀へ行き、船で奥州や北海道の松前へ行き、一方大津から大坂へ行き、船に積んで江戸へ廻った。このため、近江の米価は上昇した。

米価の推移について33ページのグラフに示すものは関東での数値が主であるが、近江もよく似た状況であった。天保八年は諸国八月一四日の大風の影響があり、天保九年には作柄にかかわらず諸物価が上昇し、紙が一〆八百目、着類二割上昇、大麦や木綿も上昇した。天保一〇年は暖かい年であったが、土用に帷子《かたびら》を着ても暑かった。しかし、米の作柄は豊年であった。天保一一年は、四月より雨多く、土用も雨降り続き、六月二三日に大雨大風が来て、篠原を含む上方は七分五厘、関東は七分、奥州は九分の作であった。天保一二年はやや寒い年で、茂木では四月一七日に霰が降った。土用は少々冷気あったが、まずまずの作柄であった。天保一三年は五月より暑くなり、土用に帷子を着ても暑かった。

このような状況のなかでいよいよ、篠原での仁正寺藩と住民のための仕事が始まった。

しばらくも樂といふ字を願ふなよ　らくのかへりはいづれ苦しき　　蕭鳳

仁正寺藩

仁正寺藩は元和六年（一六二〇）藩主市橋氏の仁正寺（現在の日野町西大路）入部に始まる。そこは蒲生氏郷の日野城のあった所である。当初二万石であったが、幕末には約一万八千石となった。領地は仁正寺、十禅寺、鋳物師、鏡、篠原、安養寺、上田、豊浦と河内国星田であった（現在の東近江市、竜王町、近江八幡市と野洲市の一部と、それに交野市星田地区）。江戸時代若干の変更はあったが、大篠原は最初からずっと領地であった。

なお、河内国星田村は仁正寺藩の唯一の飛び地であるが、ここは元和元年（一六一五）

仁正寺藩藩邸跡　御殿と呼ばれていた藩庁は大正５年に京都相国寺の塔頭、林光院へ移転され、現存している。

五月五日に徳川家康が大坂夏の陣で、当地の里正（村の長）平井三郎右衛門宅に宿陣した所である。平井家には現在も家宝としてその時の葵紋付きの品物が残っており、また同家の北西裏に、仁正寺藩の領主市橋長昭が平井家当主と文化三年（一八〇六）に建てた、家康行営記念碑が残っている。平井三郎右衛門家は江戸時代を通して庄屋をつとめ、仁正寺藩の中小姓格、寄合格、十五人扶持、御殿跡支配料毎年六石、屋敷税免除等数々の特別待遇を受けていた。星田村には他に有名な和久田家がある。和久田家は平井家とともに庄屋を務め、そして、小澤蕭鳳が藩の勝手方になる以前から、平井氏、和久田氏ともに勝手方を務めていた。

市橋氏がここを領地としたのは、大坂夏の陣で徳川家康に従った際、星田村で功労があり、家康より拝領したと聞いている。

仁正寺藩自体の財政状態については、他の藩と同様に多くの藩士を抱え、参勤交代や出役など幕府の強い要請などによる支出超過が続き、それに飢饉や米価の変動などによる収入減も加わり、早くから慢性的な窮乏状態にあった。享保期（一七二〇）前後には収納期前の先納（貨幣納）が領内に強制され、宝暦期（一七六〇）前後には月

仁正寺藩の藩庁の一部、勘定部屋（経理事務所）　藩の七人の勝手方の一人、蕭鳳もこの建物に詰めていたと思われる（藩庁としてこの地区に現存する唯一の建物）。

割前納を強制された。これは文化一一年までに十四回に及んでいる。

文政三年（一八二〇）に代官荒川丹蔵よりの廻状で、各村々の庄屋が呼び出され、「各村で相応の暮らしをしている者と困窮しながら暮らしている者の名前を出せ」と言われた。それに対し「相応の暮らしをしている者はおりません」と答えた。代官は大変立腹して、「それではすまされぬぞ」と聞き入れなかった。そこで数日後、庄屋である鏡の玉尾藤左衛門、篠原村（高木）の五郎兵衛、安養寺の惣右衛門が相談し、文書で「いない」と回答した。役所の方からしからばとばかりに、仁正寺藩内で三十人の名前が指定された。このなかに篠原村では小澤七兵衛の名前があった。文政三年といえば、まだ蕭鳳の先代が茂木で亡くなる二年前で、存命中の時である。指名された三十人は同年九月一八日に呼び出され、蕭鳳が仁正寺まで出かけて行った。すると、藩から、

「仁正寺藩の御勝手（財政）が苦しいので、各人五十両宛出してほしい。これに五朱を加え、年一割で十年間貸してほしい」

との懇願であった。蕭鳳を含め大部分の人はこれに応じた。藩財政の立て直しは度々

行われたようだが、藩の借金は弘化三年（一八四六）には一万六千両にのぼり、さらに嘉永六年（一八五三）になると二万四千両に膨れあがっていた。

小澤家文書のなかに、天保一四（一八四三）年に、藩宛に冥加金十七両の上納書が見いだされており、五街道宿助郷助成金として支出したようである。そして天保一五年に御救金の一部にあてる上納金を出している。その後、嘉永二年（一八四九）に蕭鳳が藩勝手方に就任以後、文久四年（一八六四）までの間に、御用金として上納した金額は実に四千六十両に及んでいる。

行く末の栄へ願は人のため　よからん事の数を積べし　　橘千蔭（火の歌）

江戸の殿様に倹約令要請へ

蕭鳳の仕法

仁正寺藩の職制は関東の谷田部藩とは若干異なるが、家老、用人、給人の他に、御納戸の職がある。これは勝手方と同じ財政関係を見たのか不明である。藩の財政に関し、谷田部藩では勝手御仕方として中村勧農衛の如き用人格の藩士を当てているが、仁正寺藩では藩士ではなく領内の有力者七~八人を勝手方として、藩の財政運営に当たらせていた。これでは上に対して強権発動は出来ず、借金が増え続ける藩の財政を、結局勝手方で負担せざるを得ない構造になっていた。

従って、資産家として金に余裕のある人が勝手方に選ばれたが、そのために、藩の犠牲になって没落していく家もあった。蕭鳳は茂木の細川藩での苦い経験を持ちながら、何故この職を引き受けたのか、仁正寺藩の相当強い強制的圧力に屈したのか、それとも茂木での苦労と経験により蕭鳳自ら領民の防波堤になって領民の生活を守りたいと考えたのか、あるいはその両方が原因か、その辺の事情は判然としていない。嘉永二年(一八四九)に蕭鳳は仁正寺藩の御勝手役と村々取締役に就任し、同年一二月十日と、翌嘉永三年正月二六日に自宅での格式祝儀の宴会を行っている。宴会には数十人を招待し、本膳の正式料理で、鯉の汁物、鮒寿司などの献立で、酒は二回の宴会に合計一斗も出している。

我が役はこころに染ぬ役なれど　天の役者の指図是非なし　　蕭鳳

蕭鳳は勝手方となって藩の財政の責任を持たされた以上、茂木での轍を踏まないために次のような方針をたてた。それは二宮尊徳の仕法に加えて、慈悲と正直を旨とする方針である。

一、収入を増やす。
米の増産のため、灌漑用の工事や荒れ地開墾などの方策と、藩に入った年貢米を出来るだけ高く換金する。

一、支出を徹底的に減らす。
藩の費用を見直し、徹底的な倹約令を出す。これには藩主自らが範を示し、藩士、領民全てにその実施を要請する。

一、慈悲と正直の精神で、領民には嘘は言わず、搾取せず、領民にとって搾取による犠牲者を出させない。

一、米以外の産業による経済の振興も図る。
近江商人の出身地として、全国各地での商業活動の奨励や、鉄砲鍛冶などの新産業の発達を助ける、等々米以外での収益にも目を向ける。

以上の方針で勝手方を引き受ける覚悟を決めたのである。幸いにそれまで藩は比較的に善政を敷き、歴代の領主市橋氏が仁正寺に入部以来、一揆は一度も起こしていなかった。

勝手方は藩の財政に責任を持たされ、年貢米の換金や、藩が資金調達の手段として始めた二つの御講などの講元の仕事なども行った。この御講は人別講(例会三月、九月)と御領中講(例会五月、十一月)があり、期日には勝手方と各村の庄屋が仁正寺の役所に集められた。そして、資金の多くは藩が借用し、満会までの資金を藩が流用していた。

各村の年貢については、毎年各村の庄屋が本勘定帳を作り、これを勝手方に提出していた。例えば万延元年(一八六〇)の篠原村本勘定では一千六百六十石八斗五升四合二分となっている。この本勘定は各村のその年の年貢を集計したもので、領地内の妙光寺村、高木村、鏡村、安養寺村、上田村など全ての村から提出されていた。

各村の庄屋から納入された年貢米は換金するために、いろいろな方面で出来る限り高い値段で売るようにし、地払い米（地廻りの米穀商に売る）、上津米（大津の蔵元引請）、江頭問屋出の三方法が利用された。これらの仕事を七～八人の勝手方が担当するので、大変な苦労があった。しかも、藩が大きな借金を抱えているだけに、藩の公的費用、農地の灌漑水利工事、藩の家臣への分配、借金の返済と利息の支払い等大変なやりくりをこなす仕事で、その苦労がいかばかりかと偲ばれる。

蕭鳳は嘉永六年（一八五三）正月二三、二四日に、仁正寺で、勝手方取締の平井三郎右衛門（星田村）、竹村猪三郎（鋳物師村）、飯島利兵衛（仁正寺村）、玉尾藤左衛門（鏡村）とともに合計五人で集まった。その会談内容は次のようなものであった。

先ず竹村猪三郎より「父猪兵衛がお役御免になった時、弘化四年（一八四七）の後を自分が頭取御帳元を拝命したが、その時の藩の借金は一万六千両であったが、それから七年後の、昨嘉永五年（一八五二）には二万四百両にのぼっており、その経過として天保八年（一八三七）の領中講満額の時一万七千両の借金があり、それから十六年たった昨年に二万六百両に膨らんでいる。これでは藩の財政は行き詰まってしまう。どうしたらよいか、勝手方皆様の御意見をお聞かせ願いたい。」と提言があった。これに対しさまざまな意見が出るなかで、蕭鳳は茂木で苦労をした話を出して、左記の意見を述べた。

蕭鳳「茂木の苦難の体験から申しますと、収入以上の生活をしている時に、借金が増えて行くのは当然で、二宮尊徳の仕法を見習う必要がありますが、これは藩主以下藩士とその家族に生活の切り詰めを要請し、さらに藩にお金を貸した商人に苦難を強いるものです。その目的のため権力を笠に着たやり方をすれば、多くの不満と恨みを起こさせ、うまくいくわけがありません。世の中は変化しつつあり、幕府や藩も米だけでは皆の暮らしが良くならない現実に対し具体的方策もなく、手を打てでない状況です。収入を増やす手立てにはまた資金も要ります。現実にすぐに実行すべきは、支出を減らし、借金を増やさない手を打つことです。

これにはお殿様自らが範を示し、藩士と領民に倹約の実行をさせることです。公用の多いお殿様といえども、私的な行動も多く、御家族も含め例えば江戸御殿におられて外出する回数を減らしていただくだけでも、支出が減らせます。また、家臣や農家などの一般領民も、生活を楽にするためには、贅沢になりつつある風俗習慣を断ち切るべきです。現在のように娘を嫁に出したり、息子を分家させたりするのに借金したり、自分の田を売ったりする者も出ており、贈答品なども贅沢になってきています。このような派手さの目立つ習慣を止めさせ、質素倹約の世の中にする必要があります。この倹約については、すでに文政年間にお触れが出ているのに、励行されずに元に戻ってしまっています。これをもう一度元に戻し倹約令を実施していくためには、御殿様に直接訴えるしかないと思います。」

このような議論があって、御勝手取締についての願い書を郡方奉行所に出したいとの話で、一同賛成し、同年二月に長文の願い書を提出した。その概容は、

勝手方願書

去る文政年中に諸件について改革をされ、その成果が上がったが、近年追々臨時の

御入用が増え、天保八年の御領中講満会の時、借金が金一万七千両であったのが、昨年暮れに二万四百両に増え、三千四百両増えている。去る弘化三年（一八四六）より僅か七年の間に、役所御入用が五百両が一千両に増え、その他臨時入用千三百両、江戸の長屋類焼でその普請等で一千七百両、米の価格の見込み違いで一千六百両、合計で五千両も出費増が見込まれます。又、道中金等三百両の手当の処、近年六〜七百両必要となっており、全て是に準じ入用が嵩み、収入は豊凶があっても増加するものでなく、暮らし方の入用は、収入を考えて諸向き御省略（倹約）いただく事が永久の仕法と存じます。御領中講の資金は藩のご入用の時、何時でも使える様になっておりますが、藩の財政が難しいという評判が立ったら、皆返金を申し出るようになり、そうなれば勝手方としてどのように才覚したらよいか一同逃げ去るより外ないので、このような風説が立たないように朝晩心配しています。低い利子の借金を以て御用達しておりますが、もし借財が増えて高利の借金をせざるを得なくなった時、どのような難渋になるか予想が難しく、愚かな私共は前後の進退に道を失うことになります。そして公辺も同じ難儀を蒙ることになり、上々様にも御苦労遊ばされ御領中は勿論御家中様方もご難渋となり、私共としても安心出来ませんので、恐れも顧みず、お願い申し上げます。

右申し上げ奉ります訳は、年来の諸規定を通され、御信義の御趣旨を末々まで行き届く様にお願いし、年に四度の御講も滞りなく勤め、安心しておりましたから勝手方の手許に貯えて隠し置いた金子までも預け申しました訳で、かくまでの御風儀に御仕向けされるのは容易の事にはございませんが、御上様の御長久が続き、御領中も安心いたすと存じ、残らず愚見を申し上げました。

以上御省略につきまして、何事も文政の御定に戻し、今後御定の外は月々の御入用増等は仰せ出されぬ様、厳重御取締の程幾重にもお願い申し上げ奉ります。もしそのようにならなければ、今後御調金方の手段にも差し支え、愚昧の私ども御役御免をお願い申し上げる外ございません。

何卒前条の趣について御慈悲を以て御聞き済み下されば一同有り難き幸せに存じ奉ります。

嘉永六年二月

玉尾藤左衛門　印
小澤七兵衛　印
飯島利兵衛　印
竹村猪三郎　印
平井三郎右衛門　印
和久田与治兵衛　印

竹村仲左衛門様
佐々木甚五郎様

この願い書を蕭鳳は二月一二日に御奉行に提出した。この願書には茂木藩で苦労した蕭鳳の意見が強く反映しているようで、強権的なやり方でなく、藩にも百姓、商人を含めた領民にも将来希望の持てる穏やかな改革の精神が滲みでている。

二月二〇日に役所より差し紙*が来て、蕭鳳と竹村猪三郎に近日中に役所へ出頭せよとのことであった。二月二四日に二人が役所へ上がると、「願い書を出した御勝手取

差し紙　出頭命令書。役所が領民を呼び出すときに発令した。

締の件で二人に出府（江戸の役所へ行くこと）して欲しい」との話で、二人はすぐ「お請け申し上げます」と返事し、詳細は後でということであった。三月六、七日に人別講で、八日より一三日まで本勘定で役所に勤め、その間に江戸へ出立の日が決まり、三月二三日仁正寺発となった。

蕭鳳の江戸行き

蕭鳳は三月二一日に駕籠で、駕籠かき二人、両掛（荷物を運ぶ人）一人とともに、仁正寺へ上がった。江戸行きは、中老小串儀左衛門（六十二歳）、元〆川嶋与兵衛（六十一歳）、勝手方竹村猪三郎、小澤七兵衛（六十歳）、庄屋惣代上田村久郷真之助の合計五人で、このうち久郷氏を除いて、駕籠かき二人、両掛一人、中老にはこの他若藩士二人、具足一荷、草履取一人、他に一人が従い、合計二十二人であった。江戸行きの御礼として、百両出す様に言われ、蕭鳳は承った。そして、三月二三日に仁正寺を出発した。

江戸までの旅程は次の通りである。

三月二二日　関　　宿泊（若狭屋十次郎）
二三日　桑名　宿泊（佐土屋）　（舟一艘買切）
二四日　池鯉鮒　宿泊（山吹屋新右衛門）（荒井舟二艘買上）
二五日　吉田　宿泊（双葉屋）
二六日　目付　宿泊（大江戸屋）　（天竜川二艘買上）
二七日　金谷　宿泊（栄屋）　　（大井川人十六人）
二八日　江尻　宿泊（扇屋）
二九日　沼津　宿泊（杉本屋）　（富士川舟一艘）
三〇日　小田原　宿泊（銭屋嘉平）
四月一日　程谷　宿泊（夷屋）
二日　江戸お屋敷着　十一日間道中、川嶋案内で着を報告
三日　休
四日　御役所に御家老お会いになり、三人が上がり、お殿様への献上品として、鰹節一箱を持参する。

五日四ツ時　お殿様がお会いになり、御家老、御中老、御用人が立ち会われた。

御家老　上々様に申し上げます。藩の勝手方、竹村猪三郎、同じく小澤七兵衛、庄屋惣代久郷真之助の三人、お殿様にお目通り願いたく、仁正寺より罷り越してございます。

お殿様　遠路大儀であった。

勝手方代表　上々様にはご機嫌麗しく恭悦至極に存じ上げます。上々様には手前共三名お目通りをお許し頂き、心より厚く厚く御礼申し上げます。藩の勝手（財政）の仕事に携わっております手前共は、最近の御勝手向きが大変厳しくなって、難渋していますことにつきまして、何卒御勝手向きをお取り調べくださいますよう、よろしくお願い申し上げる次第にございます。

御家老　上聞に達したので、係の役人に取り調べさせるので、勝手方はそれに協力するようにせよ。

勝手方代表　手前共三名承知申し上げましてございます。お聞き届けにあずかり有り難き幸せに存じ奉ります。

殿様へのお目通りがかなって、三人は御殿を下がった。それから勝手方の説明により、それぞれの役人は御勝手（藩の財政）の内容について、毎日取り調べをされた。その結果、藩として四月一五日に川嶋与兵衛から御省略（倹約）の書付が出された。

五日昼より本所の御屋敷に、元〆の川嶋氏案内で大殿様にお窺いに上がり、鰹節一箱献上す。それから御用人味岡又兵衛の取り次ぎで、御家老、御中老、御用人、御目付など十二人に煙草、鰹節等進物品*を、同行の若士二人に煙草、そして四月一〇日に江戸に着いた三人にも、御着悦として鰹節を上げた。

四月一五日に川嶋与兵衛様から廻って来た御書付について、原史料の概容は次の通りである。

御書付（概容）

進物品　藩の主な人物に進物品を持参する習慣は大変だった。蕭鳳が、篠原出発の時、村々をはじめ多くの個人から出府留守見舞いをもらい、それらの人には江戸から帰った時に、買った土産を渡している。役所の進物の習慣については前にも述べたが、大変であったので、倹約の必要性が分かる気がする。

御勝手累年不本意で、御省略御取締の義、度々仰せになっているが、近年臨時の御入用が増え、昨年暮れの御下し金も差し支えが出てきた。誠に容易ならざる時節で御勝手方は心痛いたし、借金も益々増え、文政の改革の時と比べて、物価も上がり、その上近年海岸防御の為武備を備える様仰せ出され、心痛している。容易ならざる事態を御家来向きも心得て、飲食その他何事によらす奢りなき様、無益の義もなき様、心掛けてほしい。その為別紙の指令を出されたので、心違いなき様、吉凶につき音信、贈答、土産、餞別等倹約を言われてきたのに、乱れてきて今後堅く倹約第一に守って欲しい。家来衆への手当も減少されてきているのに、更に減少するのは気の毒に思うので、何とかしたいと仰せられているが、このような状態で更に減少もあり得るので、心得て欲しい。

一、御家中難渋につき、俸禄を前借りする義は、時節柄融通も出来兼ねるので、申し出でなきようにして欲しい。

二、上々様にも前条の通り大変御不自由しておられ、御家来向きも万端質素倹約第一に心得、精勤する様に心掛けて欲しい。

右の通りに仰せ出されたので、お達しする。

丑年（嘉永六年）四月

この書付にそえて仰せ出された各条を左に記す。

御ヶ条（概容）

この度、御取締につき、御書付の通り何事によらず御入用にかかわるものは、御勘定所にて改めた上で渡す事にする。

一、御一類様御吉凶の音信は改め成るだけ省略する事

二、殿様公辺向きお勤めの他は、御廻り等は減らし、一か月一両度くらいで、早めにお帰り頂き、奥様御子様方御出の義はなるべく減らし、余儀なき場合を除き御省略の事

三、上々様御日用召し上がり物は御格別に減らす事

四、御来客の義はできる限り減らし、拠なき場合も手軽にする事

五、表向き進物の儀は格別、その他の儀は表方へ出されず、御出入方は上物等は一切

お断りし、万一御差し戻しあれば、御納戸より取り計らいの事
六、定められた仕事を途中で止めて、差し掛かりの破損品等を捨て置く場合は、小頭より前に御勘定所へ申し出で、評議の上明日の仕事として相定める事
七、公辺及び格別表向きの他はこれまでの奉書紙を使っていたが、以後は那須紙を用いる事
八、半紙、半切、筆墨等兼ねてお定めの通りの事
九、江戸と御在所への御用書は暈高にならぬ様にいたし、格別暈高を改める事
十、宿書状並びに拠なき向状の他、一通りの状も半紙二つ折りに致し、用向きを弁ずるよう、丈長く大封の書状は出さない事
但し、呈書向きはお断りしたが、月々急便一度、間便一度に定め、差し掛かり御用向きは格別で、常便は一か年に三、四度位、尤も常便でも格別大封は出してはいけない事
十一、御買入の品は御勘定所にて見分けの上、吟味いたし取り決める事
十二、御払方の儀は、毎月二八、二九、三〇日までの内、朝四ツ時より九ツ時までに、

御勘定所にて立会の上お払いする。かねて、御出入りの町人共へは聞かせておいた

十三、御家中向き御渡方等は御勘定所にてお渡しする事

十四、金銀諸色受取の儀は、御勘定所へ申し出で、吟味の上その品々帳面に記して渡す事

十五、御使者供触並びに御奉礼使、総じて御入用の儀については、前以て取り調べ御勘定へ差し出し帳面に記す事

十六、御料理向き御肴は御勘定所に差し出し、見計らいの上、取り計らいする事。日々の御入用明細書御夜食渡して、御勘定所に差し出し、元帳に記す事

十九、炭薪を納めに来たら、その度毎に元方買物方の内改めて仕舞い置く事

二十、米の儀は、その節の向きより札を取り、格好の値段で買う事

二十一、御法事料の近い方には御定めの通り、十七回忌より半減の事

二十二、諸向きより差し出しの呈書、江戸と御在所は封返しにてお答えする事

二十三、御在所（仁正寺）表の儀、公辺他引き合いもないが、格別の取締を仰せつかっ

た事

二十四、御道中、御本陣より願いがあって、類焼は金二百疋、その他百疋宛下される事

二十五、ご道中、御往来の節、御供人数随分減らし、御用人一人宛て御召し連れの御馬一疋を御牽きになられ、御荷物をなるだけお減らしに成る事

以上の御ヶ条の他にもなおまた取り調べて、省略になる儀は追々仰せ出される。

嘉永六年癸丑年　四月

右は文政八年二月に発令された省略の御ヶ条に、なおまた取締を改め、発せられたものである。

右の御書付と添付の御ヶ条は四月一八日に江戸の御家来一統あてに御達しになった。これによって江戸での仕事も終わり、蕭鳳たちは帰村を願い出た。仁正寺を三月二二日に出て一か月を過ぎようとしていた。この間、三人は数年前の類焼で焼けた後再建された御長屋に泊められていた。帰村願いに対し、五月五日に江戸を出立するよ

う申し付けられた。そこで、五月三日に家老水上はじめ御役人衆に暇乞いをし、五月五日に江戸を出発した。

蕭鳳の帰村

帰りは五月で雨期でもあり、大川の多い東海道を避け、中山道を帰ることとなった。その旅程は左記の通りである。

五月五日　鴻巣　宿泊（瀬山平右衛門）
　六日　新町　宿泊（小林甚左衛門）
　七日　坂本　宿泊（泉屋六右衛門）
　八日　望月　宿泊（内田屋）
　九日　諏訪　宿泊（丸屋要四郎）
　十日　藪原　宿泊（川上）
一一日　須原　宿泊（本陣）
一二日　中津　宿泊（脇本陣森）

一三日　伏見　　　宿泊（松屋）
一四日　赤坂　　　宿泊（松屋忠兵衛）
一五日　高宮　　　宿泊（玉屋）
一六日　篠原着

なお、竹村猪三郎は八日市を通り、一六日に鋳物師に着いた。一八日には、小串儀左衛門が若士の太田、小倉を連れ、善光寺廻りで着いた。帰村の挨拶を竹村、小澤、久郷の三人が同道にて、二二日に仁正寺へ上がり、帰村着届けを申し出る。二三日にそれぞれ帰宅する。

早速、小串家老のお帰りで仁正寺御家来一統に江戸表での達しを伝え、諸役人、並びに家来残らず省略を実行することとなった。御上様も省略されるので下々百姓までも質素倹約致し、金銭の無駄遣いなきよう、書付を以て、村々へ仰せ出された。その書付の概容は左記の通りである。

村々への御書付（概容）

御勝手向き追々省略を仰せ出されているが、諸物価も高騰し、御入用の金が不足し続け、先の見通しも立たず、遠からず行き詰まる恐れがあり、その上に米価が下落すれば、如何様に暮らしていけるか不測の状態である。このような時に金を出してくれとは本意にも背き、特に近来御領分内で凶作により百姓達が難儀の折柄、上様より厚い御救いの思し召しを仰せられているが、たとえそのような事が無くても、これ以上の困窮が無いよう、上様も如何様にも艱難を厭わず、一同の難渋に及ばざる様にと、今一段の御省略を仰せ出された。

右の様な有り難い御賢慮の程を下々において承り、諸事倹約する様に心を用い、些かの事にも御省略の心を立てる様にする事が第一の忠節と存じ、村々においても、専ら質素倹約をして、仮初めにも驕奢の風に移らない様、農業に精を出しなさい。

嘉永六癸丑年五月

御役所

村々　庄屋

小前者共

この御書付は村々へ通達され、これに対し、村々より請書が出された。その内容は「村々への御書付の通り、その内容を繰り返し、御請書差し上げ奉ります。」というもので、日付は「嘉永六年六月一日」で、「御領中村々庄屋役人共より御役所様宛」になっている。

この日は村々庄屋より仁正寺へ上がり、その時に六兵衛宅へ村々の庄屋を呼び寄せ、勝手方より申し達し、御書付を村々一統末々まで有り難く承る様に請書を差し出させた。事が済んで村々の庄屋が帰宅し、村々から請書を差し出した。

そして、各村では村人に示す内容の書付を作り、各五人組の組頭へ一枚ずつ渡し、五人組が毎年二月と八月にお汁*をする時、組頭より五人組に読んで聞かせ、御趣意を守るよう申し渡した。

村方取締書付（概容）

一、御勝手向きが年度の途中であるけれども、御領中への頼金（上納金）の依頼等は

お汁　年２回２月と８月に五人組が集まり、公私いろいろのことで会談し、その後食事をした。この風習は150年たった現在も、大篠原では隣組の「組汁」の名で年一回9月始めに行われている。

されてないので、村々からの諸願いも、拠なき以外は出さない様にして、別紙の御書付を仰せだされたので、村々一統諸事倹約取締致す様御上に請書を提出した

二、火の元常々心掛け、盗賊村内に入る事あるので心掛けよ

三、野荒らしの者見つけ次第役人に申し出よ

四、御年貢御上納米の干し場が日陰にならぬ様、年々日陰となる樹木等伐る事

五、田地用水川筋耕作通い道その持ち場等普請し、水流通行よき様に、干魃時田地畦切り、溜池水抜き、魚取り川筋荒らす等御法度の事

六、博打、諸勝負、米相場等御法度の事

七、御名目金借請御法度の事。もしあれば其の者五人組より村役人に申し出よ

八、山林藪等荒らし、盗伐あれば、見つけ次第その筋に申し出る事

九、正月盆節句に神前に供えるのはよいが、その他は堅く禁止、勿論配り物も御法度

十、神事祭礼式は前々通り神式相勤め、神前供物はよいが、客呼び配り等は一切堅く禁ず

十一、神明講その他、諸講の催しは一汁一菜に限る事

十二、婚礼等の儀、厚縁の者に限り、他は呼ばず、料理は塩肴と野菜等一汁一菜とし、格別手軽にする事。赤飯、配り物等は厚縁の者に限り、他は堅く無用の事
十三、盆踊りの儀は、前々より御法度が弛み、この度改め十四日十五日の夜以外は駄目
十四、伊勢参宮、愛宕講は村代表が代参する他は遠慮し、留守見舞、土産物配り堅く無用
十五、若者夜遊び致し、金銭遣う事堅く無用。その遊び宿した家は咎め申し付ける
十六、若者連中杯は御法度であるが、近年相集い、酒宴催し、金銭を遣い人に迷惑かけるのは不埒の至りで、今後相互に吟味致し、五人組より申し付ける事
十七、年内休日たりとも雑飯に限る事
十八、狂言、相撲、芝居、惣じて人寄せに遊興がましき事御法度の事
十九、仏事年回は旦那寺で勤め、不幸葬式は厚縁又は同等の者に限り、格別手軽に野送り、野菜一汁一菜で相務め、酒は堅く無用、勿論忌中逮夜は寺方にて相務め申すべき事

二十、男女衣類は絹、縮緬堅く御法度の事。拠なき節は紬青梅にかぎる事。櫛、簪その他金銀細工は御法度の事。下駄、草履に至る迄八ッ緒、木綿緒にし、高額な物無用の事

二十一、日笠蛇の目は前々より御法度の事。婦人が他行きの時日張り渋引きはよいが、目立つ品々や耕作に用いる菅笠等高額な品は堅く無用の事

二十二、何事によらず替えたり、不心得の儀を見聞したら、本村、他村を問わず、早々に役人に申し出る事

右の通り、各条違い無き様、五人組相互に吟味いたし、堅く守る様に申す。些かの出費たりとも質素倹約し、銘々忠孝の道を守り、子弟を教育し、家内睦まじく朝夕家業夜なべに至る迄油断無く相励み、農業出精、子孫長久を続け、小者まで諭し、もし心得違いの者あれば村役人に申し出、吟味の上厳重に咎める。又もしその時によって御代官様に届け、御上様の御下知を取り計らう。尤も入用等は本人へ取り立て、村方に一銭も掛けないので、堅く慎む様申す。この度の書付内容について分からない事あれば、村役人に尋ね指図を請ける事。

嘉永六年癸丑年五月

篠原村　庄屋
役人
取締

右の通り村方取締書付五人組頭へ一枚宛渡したので、組下へ年々二月八月両度に聞かせ申すべき事。

以上のように藩全部を上げての省略令が発足したのである。

江戸出府の費用については、ほとんど公用として藩から出ているが、当時の風習としての江戸の殿様初め高級役人への贈り物は、一部各村にも負担させている。そして蕭鳳の出府留守見舞いは、篠原、妙光寺、高木、鏡、本郷、安養寺、上田、森尻、西川、横関、須恵、鋳物師、外原、岩井、小房、山面の各村、豊浦組、十禅寺組、仁正寺組と星田村を除く全村からもらい、個人からは星田村の平井三郎右衛門、和久田与二郎兵衛始め親類近所など四十五名から、役人七名からそれぞれもらっている。その内容は、金銭を始め酒、鰹節、美濃紙、羊羹、饅頭、うるめ、魚等多種類で、その見積概算は一両三分二厘とみている。そして、江戸土産としてそのお返しを、各村からの分を除き、全ての人に贈っている。その内容は、朱硯箱、きせる、膏薬、真田紐、皮財布、手燭、皮足袋、煙草、文鎮、小刀、脇差、童子教本、繪など多種類に及び、購入と輸送に苦労があったと思われる。

なお、小澤、竹村両人と駕籠人足二人、両掛人足一人の泊賃は御上より支給され、昼小遣い五十文宛出ている。なお、竹村、小澤、久郷の三人の道中の小遣、並びに江戸御長屋住居につき、炭、薪、野菜いろいろ入用につき、三人分の費用として、一人当たり米一日五合と、野菜代五十文を下され、自分賄いにて、不足分と御役人見舞物代の十両三分八厘は村割で御領中より出した。

これらの金銭の収支について蕭鳳は自己の著書に克明に記している。

大変な江戸行きであったが、当時はこれが普通の習慣であった。これを改革すべく勝手方達は努力を重ね、改革を成し遂げようとした蕭鳳等勝手方の経験と能力は大変なものであったことを想像すると、賞賛に値する。特に齢六十歳となった蕭鳳の活動には頭の下がる思いがする。

飯と汁木綿着物は身を助く　其余は御法度御趣意なるぞよ　蕭鳳

飯と汁いただき暮らす有り難さ　冥加の程を思いつとめよ　蕭鳳

幕末沿岸防御に出陣

すでに述べたが、幕府は黒船来襲に備え、武備の強化を各藩に指示していた。仁正寺藩は幕末近くに砲術家として有名な高島秋帆の指導を得て、武備の強化のため鉄砲隊を組織し、そのために近くの日野町を中心とする鉄砲鍛冶に鉄砲の製造を依頼した。近江ではすでに長浜近くの国友に国友鉄砲があったが、早急な軍備増強のため諸大名らが大量の鉄砲の製造を依頼したため、一時は日野だけで三十軒を越える鉄砲鍛冶屋があり、繁昌した。ほぼ武備も整った文久二年（一八六二）に幕府の命令により、大坂湾岸警備のため、仁正寺藩は鉄砲隊を中心に藩の武士達を大坂湾岸に出陣させた。一番手は井上周蔵を部隊長とし、泉州舟尾村の陣所を固め、二番手は田中善左衛門を部隊長として河州星田村の陣所を固めた。そして、その賄い方として勝手方協議の上、老体の蕭鳳に代わり、後継ぎの六左衛門生美が出陣することになった。

生美は文政一二年（一八二九）の生まれで、その時数え年三十四歳となっていた。交野市の古文書によると六郎と名乗っていたようである。賄いの仕事は武器弾薬以外の出費、米とその他食料品の現地での調達、陣屋その他現地で必要な人夫の現地雇用などである。期間は何時から何時までであったのか不明ながら、当家文書には文久二年（一八六二）六、七、八月の日付の費用明細が残っており、人足の費用、食事の費用等々が記されている。それによると米五百六十二石三斗九升、お金四百六十八両二分六十五文八歩三厘と記されている。米の量から推測すると、一人一日五合として、雇い人足を全体の二割程度として、約三百人前後の部隊であったと想像される。

生美（六郎）は星田村で、庄屋で仁正寺藩の勝手方を務める平井三郎右衛門と和久田与治兵衛に世話になったと思われる。そして、陣中の暇な時に、鉄砲小頭の吉村團右衛門より本「文久一許録」を拝借し、それを書き写している。コピー機のない時代は全て手書きしたもので、多忙の間に時間を割いて書写をしたと思われる。

文久一許録（写本）

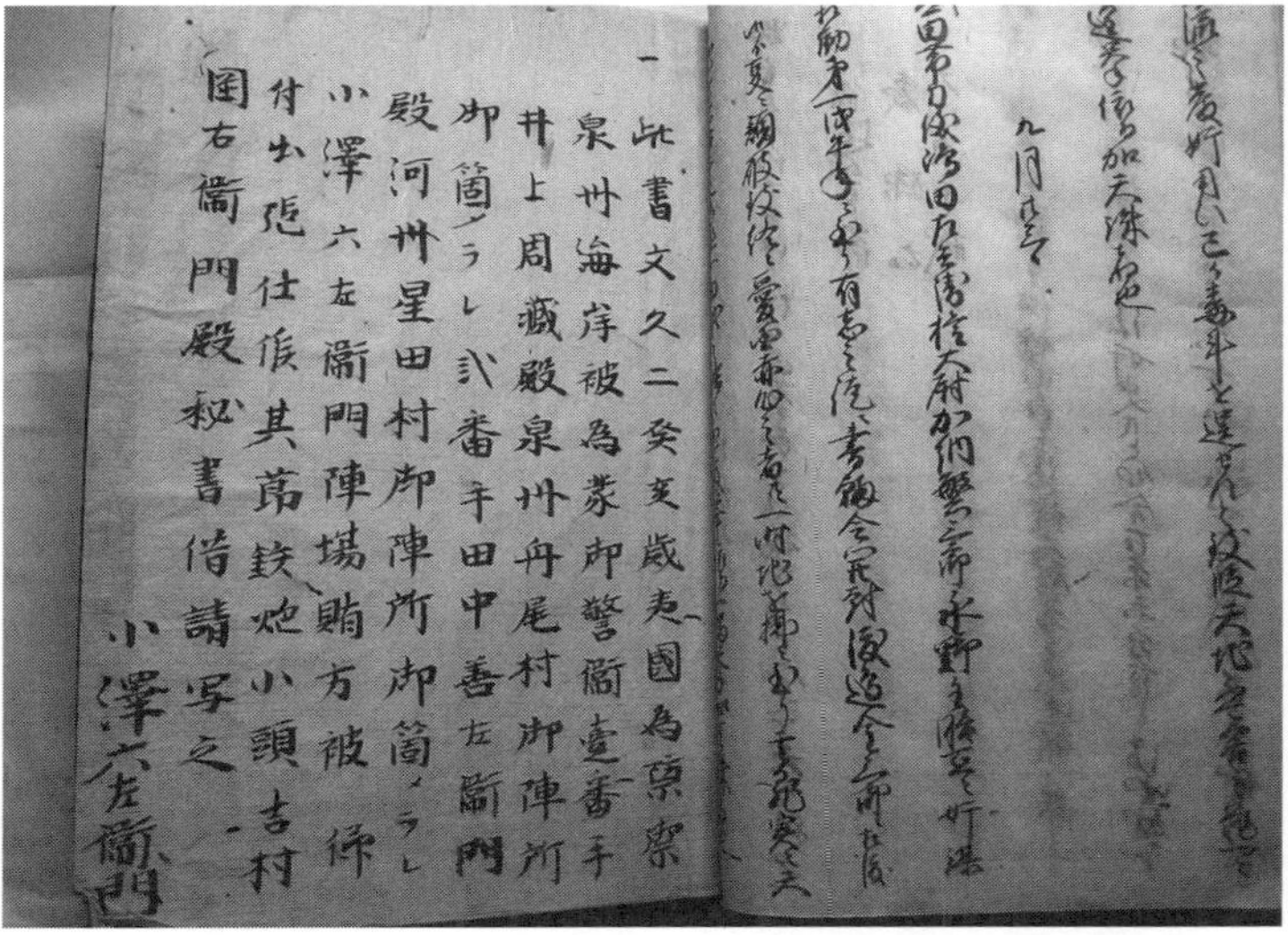
小澤家12代目生美が陣中で写本した最終頁　出陣先の泉州舟尾村と河州星田村などが記されている。

この沿岸防御出陣の時の費用については、公費として藩が持ったと思われるが、いずれにしても藩にとって臨時の大出費であり、結局翌年文久三年（一八六三）と文久四年に小澤家よりそれぞれ金一千両、合計二千両の上納を藩にしているのは、その出費のためと思われる。

仁正寺藩との関係はこの後も、生美（蕭鳳亡くなった後、七兵衛六左衛門と改名）との間で続くことになり、勝手方は大潤計そして調金方と名前を変え、明治の始めまで続き、その後藩主市橋氏側の事件があり、明治半ばまで関係が続いていた。

蕭鳳が存命中に仁正寺藩に貸したり、上納した金額は、嘉永三年（一八五〇）頃より増え続けている。そのなかには、農地水利改良のため大篠原の西池の溜池浚いとして藩に代わり百両を寄付したものも含まれ、そして先程述べた沿岸防御に出陣の費用に当てたと思われる金二千両の上納など、これらを合計しただけで、三千両を超える。それに人別講、領中講の御講への出資などがあり、次の生美の代になって慶応三年に五百両、大津県になって金一千両の上納などがある。

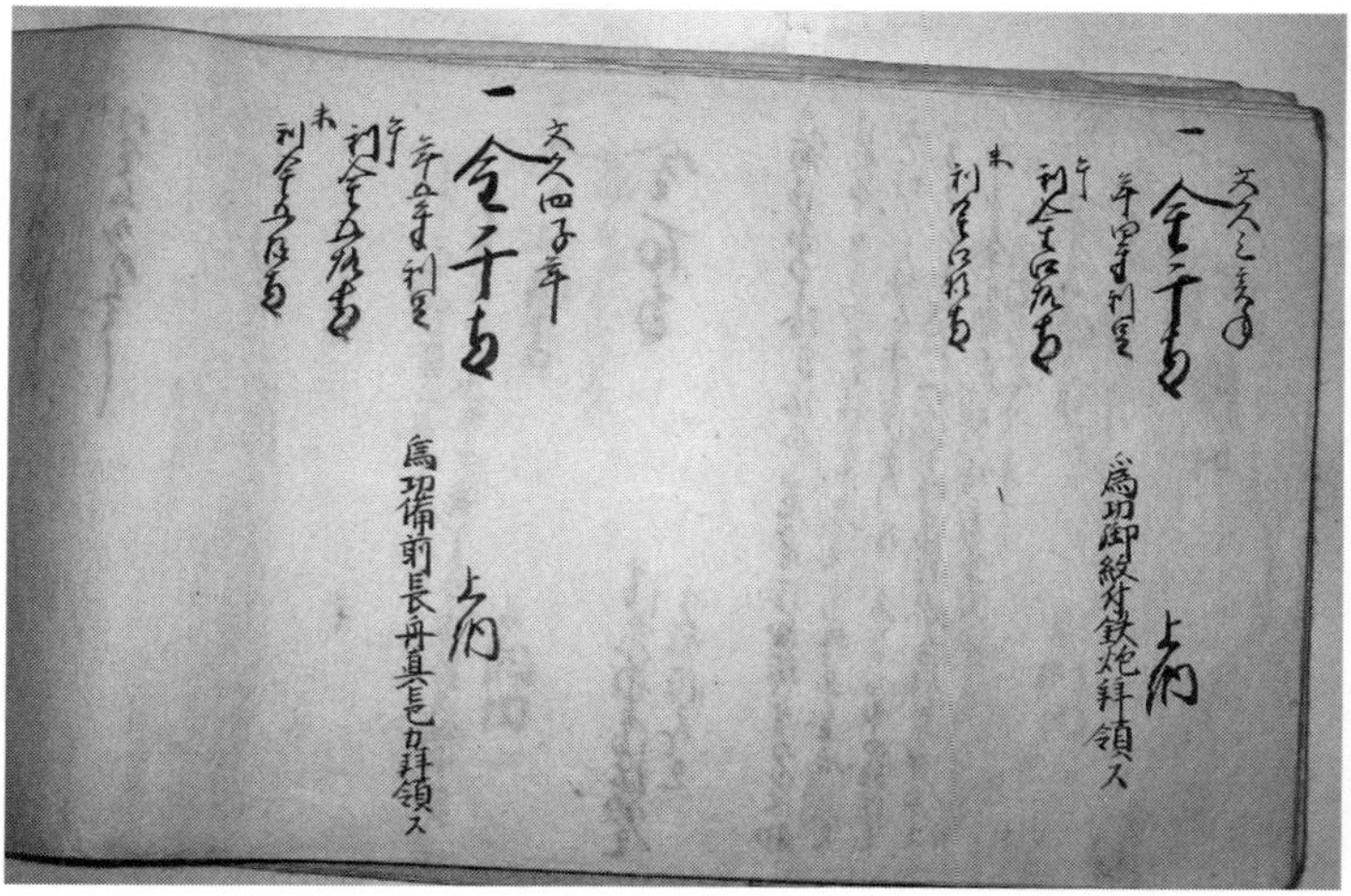

仁正寺藩への上納金の一部（２千両）　小澤家大福帳（明治３年）に記載の文書。

幕末の難しい時代における勝手方の苦労は大変だったようで、勝手方の人達のなかで、上納金を出すのが難しくなり、蕭鳳に借金を依頼してきた人物が数人いた。勝手方は結局藩の犠牲になって、つまるところ領民のために搾取の防波堤の役目をしたといえる。

無理いわず無理せぬ外はなかりけり　かかる人をば仁者ともいふ　蕭鳳

第五章　金融業の変遷

幕末の金融業について

江戸時代の金融については、幕府の出した幕府債、幕府と藩が集めた御用金、運上金、冥加金などはいずれも上納させられたものであり、幕末に各藩が出した藩債なども含め、いずれも税金的性格のものである。

藩や商人仲間の為替取引などを除いて、個人的な金融については、個人や商人間の貸付業と頼母子講などの集団的金融があった。個人的な貸付には、質を取って安全を保証することから質屋と呼ばれた。借り主は零細な個人も多く、とくに零細農家が飢饉のため食うために借金をする場合が多く、商人が商売のための仕入れや作業場の建設などの中規模のもの、幕府や藩などが道路や農業のための大型水利工事などを行うには、大量の金子が必要であり、自己資金が少ない場合は大型の借入を必要とした。

一方、貸付を行う方は、零細な個人的金貸しを始め、大地主や商業によって得た利益を貸付に廻す商人がいた。これらのなかには幕府や藩に大量の金子を融通する者もいた。また、幕府や全国の藩では、幕府と藩の間、藩と藩の間の直接貸し借りが行われていた。

釜屋七兵衛商店の場合、醸造業その他による利益と、得た利益を金融業によってその利息を得ることで発展したが、個人や商店だけでなく、藩の強制的な要請による藩への貸付も行い、これがいろいろ問題を起こしたのはすでに述べた。

個人金融では質を取るについて、零細なものは別にして、百姓や商人への大口の融資の場合は、田、畑、屋敷などの土地を質に入れてもらった。しかし、飢饉により返済できなくなったり、息子の分家、娘の嫁入り、家の改築などで、金は借りたが返せない場合が多くなり、結局質に入れた土地を譲渡する場合が多くなり、このことから、釜屋商店の場合も、茂木周辺と大篠原周辺に多くの田、畑、山等を所有することになった。

これらの貸付金、質流れや売買の形による土地所有については、茂木周辺では、文化一四年の田畑名寄帳によると、屋敷合計二反四畝九歩、田約一町歩、畑約八反、合計二町歩以上を所有していた。また、篠原周辺では、後に述べる芦浦観音寺支配地を除いて、一時期には三十町歩をこえる田地を所有していた。時期としては、米の凶作の続いた天保年間が特に多く、明治の終わり近くまで続いていた。篠原の場合数十人の名前があり、借入れにしても譲渡にしても、百姓の暮らしが如何に苦しかったかが推定される。

特別の例として、牧村の東佐市郎が江頭村の坪田与治右衛門から取得した牧村の土地を金九百七十両にて蕭鳳が買い戻している。これは坪田与治右衛門が蕭鳳の妻・糸の里であったからで、坪田家は商号を「かせや」と称し、名門であったが、時代の流れもあり、蕭鳳が助けたためで、田の面積は数十町歩に及び、何年かして当家が東氏に買い戻させ、残りを坪田氏への貸付として処理されたようである。

また、茂木周辺での一般庶民への貸付は、茂木、烏山、黒羽、那珂川河岸、宇都宮、江戸など多方面に及び、蕭鳳の時代の天保一三年の書抜帳では合計百六十件を超えている。蕭鳳が茂木から店を引き上げる直前で、一件当たり数両から二〜三十両の小口貸付が多かったが、このうち返済されたのは十軒余りで、残り合計数百両については、返済されずじまいになってしまった。

そして、個人貸し付けより遙かに大きかったのが、藩と知行所と元代官をしていた寺、すなわち谷田部藩、仁正寺藩、千本知行所、元代官の芦浦観音寺である。これらについては次に述べる芦浦観音寺を除きそれぞれ述べたが、蕭鳳自身が最も苦労した相手で、これらによって失った金は一万両を超える。

芦浦観音寺

芦浦観音寺は天正二年（一五七四）に織田信長より琵琶湖の湖水奉行を命じられた。それから百十年に亘り湖上一切の舟の改役を勤めた。代々西川家が住持をしていた。豊臣秀吉、徳川家康に仕え、当時の代官としての支配地の禄高は四万石を超えるといわれた。将軍秀忠、家光にも仕えた。その頃の野洲付近の代官の支配地としては、高木、小南、永原、中北、上永原、紺屋町、冨波新町、三上、野洲、行合、桜生、山脇などを領有し、合計八千百二十八石余、旧中主町で三千三百五十三石余、守山市で七千七百二十石余にのぼり、現在の守山、野洲市内で二万石近くを支配していた。

芦浦観音寺入り口付近　城郭の構えを見せている。

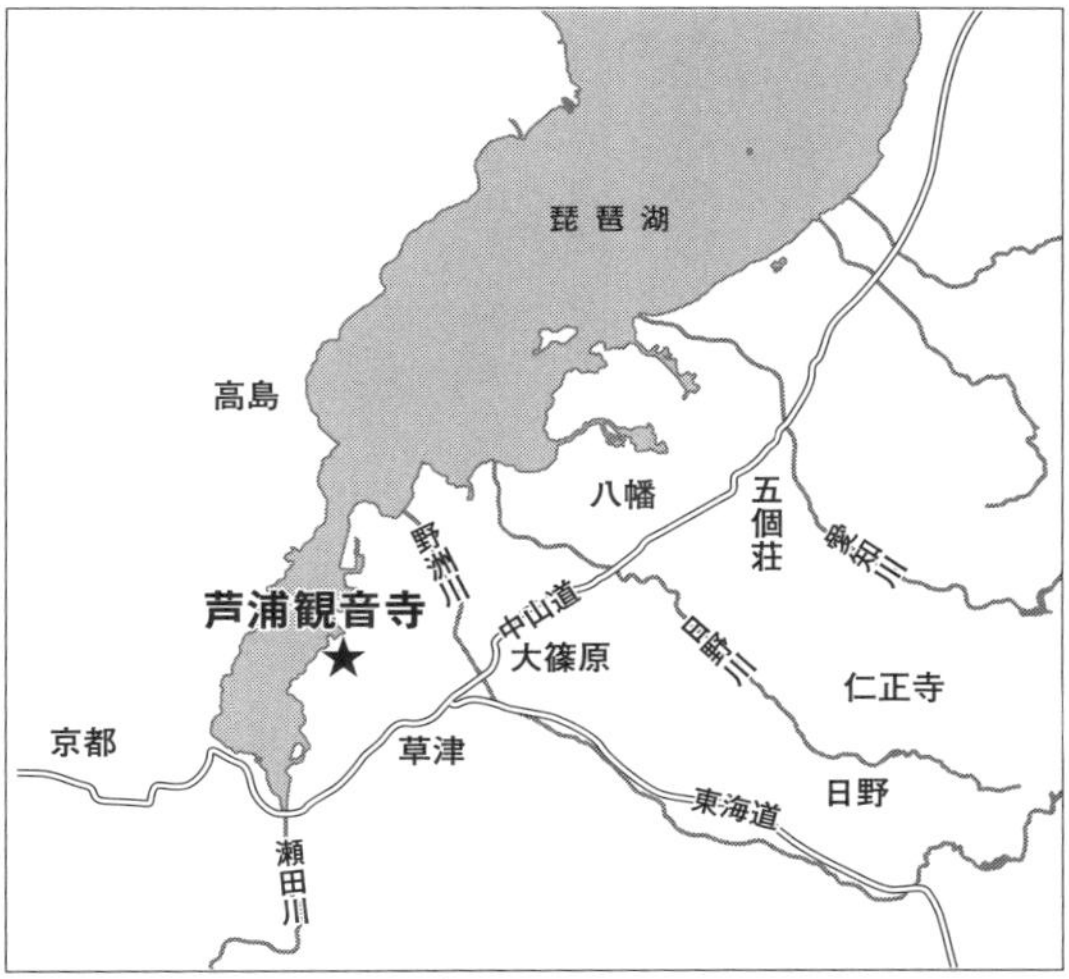

芦浦観音寺とその周辺の地図

ところが西川朝舜が代官をしていた貞享二年（一六八五）六月二六日に大事件が起こった。それは先に、信楽代官多羅尾四郎右衛門光忠と共に、京都の御勘定坂部三左衛門に金を貸した始末よろしからず、との理由で、朝舜は代官職を奪われ、閉門させられた。貞享三年五月八日に門の竹矢来は取り外されて罪は許されたが、七月二七日に朝舜が代官職にあった間の租税負銀会計を正すべきことを命ぜられ、元禄五年（一六九二）に朝舜の後任となった智周がこれを償い納め、智周は代官としては短い期間で終わった。それまでは寺という名前から武士の戦闘要員を持たず財政が豊かで、大津の観音寺町に役所を持ち、繁昌を続けたが、この事件を期に支配地を次々召し上げられた。古く徳川家康の時の代官西川朝賢は関ヶ原の戦い、大坂冬・夏の陣にも家康につき、家康より湖水の船奉行と代官を許され、寺領五百五十六石の御朱印を受けたが、事件以後この五百五十六石のみを残し、代官としての支配地は全部召し上げられてしまった。その間においても船奉行としての収入は、西廻航路の発達により、琵琶湖水運が衰退し、船の鑑札収入の激減という大きな打撃も重なった。

このような状況から推察出来るように、幕末が近づくにつれ、その財政事情が苦しくなる状態であった。この財政支援の出来る資産家は支配地内になく、かつて支配地内であった野洲村の親戚・鈴木小右衛門（蕭鳳の母、伊予の里）を通じ助けを求めてきた。当時の代官は西川一平でまだ年が若く、その補佐役を務めた久松玄番との交渉が始まった。頃は安政年間の始め（一八五四）である。そして安政五年に左記の証文が作られた。

「安政四年（一八五七）五月に観音寺領の田地三十七石五斗九升八合一夕三才と本年三十六石八斗八升五合、合計七十四石四斗八升三合一夕三才の寺領について、その小作をしている百姓に、寺の財政が苦しいので、小作人に合計四百両で買取をして欲しいと話したが、小作人自身甚だ難渋しているので、世話人が小澤七兵衛殿にお願いして、これらの田地を質に差し入れ、金子四百両をお借りして、寺に上納する事になった。もし万一返金出来ない時は、これらの土地を小澤七兵衛氏に永代譲渡する。右御年貢は小澤七兵衛氏より上納するところを、芦浦観音寺に年々十一月十五日に、小作人共が堅く間違いなく上納いたします。利徳米は小澤七兵衛殿にお渡しし、大津町の指図の米問屋へお送り申します。なお、利徳米については誰に譲られても、出作同様の事になるのですが、こちらの方で取り計らい小澤七兵衛殿にお渡ししますので御安心下さい。この事は御上様にお窺い済みで、御下知書を頂いております。」

これには住持の西川を始め、久松、片岡など観音寺役人と村方の平治、文蔵、庄八、それに庄屋弥平治、年寄清平衛の名前の署名が記されている。

このようにして、支配地である芦浦村の田地を蕭鳳が持つことになった。田地の正確な面積集計は分からないが、生産石高から推定すると、四町歩弱になる。年貢石高にすると、八町歩弱になる。明治の始めまで持っていたようである。

しかし、この四百両では足りず、金子の借用をお願いした例として、元治元年（一八六四）一一月一八日の証文では、金子五十両を年八朱で借りたことが記されている。その他もあるが、質種に困り、ついに寺宝の袈裟まで質にと言ってきて、僧籍でない身にいくらなんでも袈裟は質になりませんと断ったこともあり、芦浦観音寺がいかに困っていたか想像がつく。そしてその後も寺にある書画などを借用での質でなく、現金での買取を願いにきており、かつての幕府蔵入地四万石を代官として支配したものが、かくも悲惨な状態に陥っていたことがわかる。

芦浦観音寺下知書（冒頭の部分）　田地と引き替えに領地の百姓よりの上納金を蕭鳳に肩代わりさせる下知書。

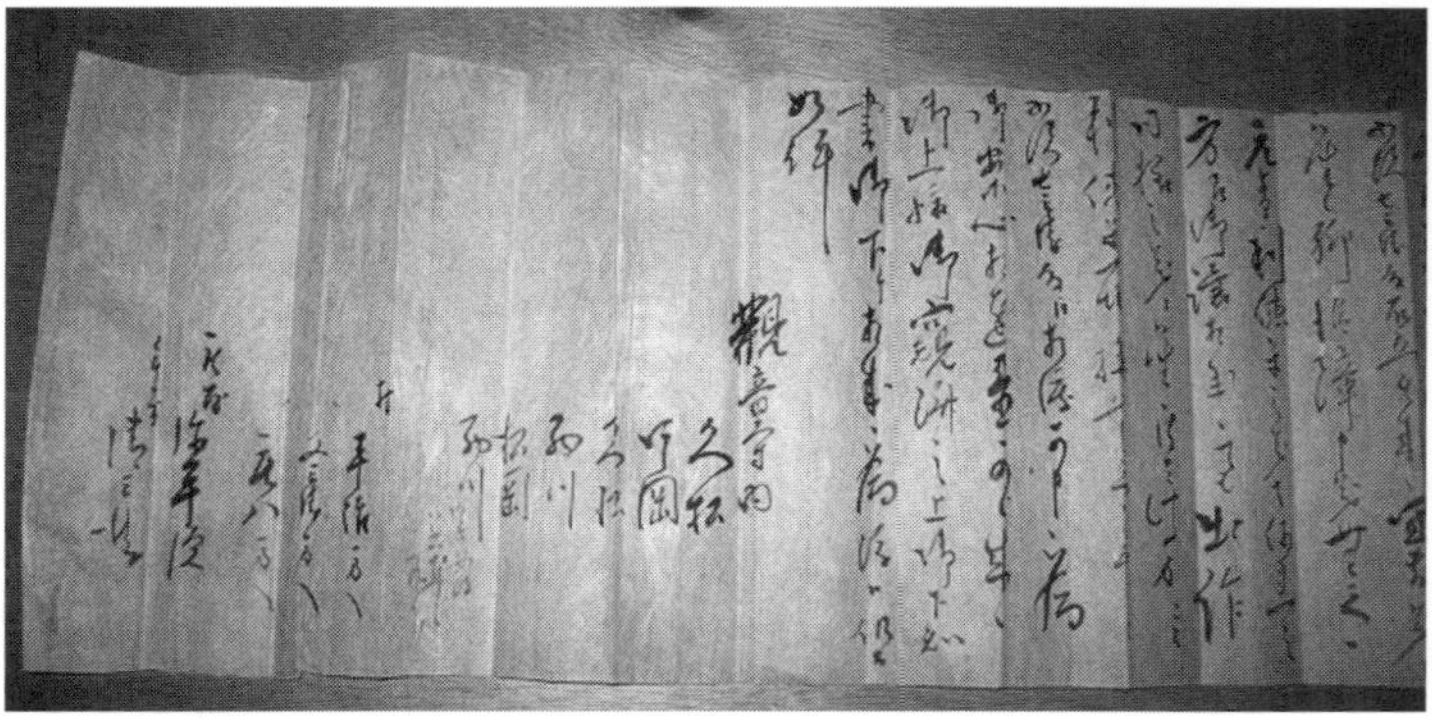

芦浦観音寺下知書（末尾の部分）

田地を譲り受けた安政四年（一八五七）には蕭鳳は数え年六十五歳になっており、その後の芦浦観音寺との取引は嗣子の生美が事に当たったと思われ、蕭鳳が数え年七十二歳で亡くなる慶応元年（一八六五）以後も続けられている。

天道はみつればかくと言う事は　何のうへにも思ひ合わせよ　蕭鳳

次に、頼母子講について述べる。当時頼母子講は金融の手段のほか、寺などの再建のためや、お伊勢参りのための積立（伊勢講）等々いろいろの目的があった。蕭鳳の時代、これらのさまざまな講に関係を持っていた。寺では、浄勝寺講、念佛寺講、勝安寺講、常念寺講で、これらは金融手段の役目と、寺の再建時の費用の積立の役目を持っていた。そして公的な講として、大篠原東地下《ぢげ》講の世話もしていた。それと、藩の御用講といえる茂木谷田部藩の順栄講、仁正寺藩の二つの御講（領中講と人別講）のいずれにも関係していた。仁正寺藩の場合は各村の庄屋が講員として関係していた。藩の講についてはすでに述べたが、講に加入した講員は毎年一回乃至二回満会の会合を持ち、籤その他で当選者に貸付を行い、支払う金利によって講自身の経営を行っていたわけだが、藩の講の場合、満会までの期間に集まった金を流用していることがあり、蕭鳳は財政危機の仁正寺藩の勝手方の時、財政危機にある藩が流用していることを講員が知れば取り付け騒ぎになると心配していたと思われる。

頼母子講は幕末になって、個人的に講を始める商人が出てきた。近辺での資産家に目を付けるのは当然で、経済状態の不安定の時代に、危険と分かっていながら講に深く関与して損害を被った例を二つあげる。

伴傳講

講元の伴傳兵衛は近江八幡で扇屋の屋号を持ち、八幡商人として有名であったが、小澤家に残る文書で嘉永四年(一八五一)のものによると、それ以前に開業している。講は大講と小講と二つがあった。ところがお金が滞り、小澤家に借入を何度も懇請してきて、手形で決済を済ましたものもあるが、幕末には貸付残が一千五百両を超え、明治になって、家族の一人、伴藤四郎を当家茂木の店の経営に当たらせた。本人は気の毒に三年後病気のため、茂木で亡くなっている。そして明治になっても金が返せず、明治二七年（一八九四）の小澤家文書には、貸付残高金一千三百二円と記されている。伴家としては少しでも返済したいと、台所で使う膳や椀、茶碗などの什物まで物納している。商人としての誠意を示したかったと思われる。

玉田講

講元の玉田善助は野洲村で江戸時代晒し業を営み、野洲川での野洲晒しとして有名であり、野洲村一の富豪といわれた。それが玉田講を始めた。ところが伴傳講と同様に幕末の経済不安定な時期で金が滞り、当家に講の方への出資金と別に、慶応元年（一八六五）に年率八朱の低金利で金百両の借入をして、これの担保として玉田家の全財産と思われる田・畑・林・藪（高八十石）、家、建物、諸道具、土蔵八か所を差し出している。それ以前の借金はその頃すでに、一千百両を超えており、玉田家にとっては全財産をなげうっての借入であった。この後は蕭鳳のいない明治時代になるが、玉田氏は必死に努力し、明治一七年の借金は全額返済した。近江商人としての意地をみせている。但し、玉田講については明治二五年時点で、五百四十九円三十四銭五厘の残額が記されている。

このような金融業の推移は、明治を迎え、資本主義経済下における銀行の設立となり、生美の息子の政美（筆者の祖父）は友人であった井狩弥左衛門氏と江頭農産銀行を設立し、井狩氏の後、頭取を務めている。この江頭農産銀行は八幡銀行と合併し、最後に現在の滋賀銀行に至っている。

金融業の金利は、江戸時代から昭和に至るまで、特別の時期を除き、年率一割から一割二分、特別低金利で八朱であった。そして米沢藩の例を見ると、金を貸してくれる先がなくて高利の借金をしたと記されているが、その金利は一割六歩で、それを一割の借入先が見つかり借り換えしている。蕭鳳は年率一割を主体にし、八朱での貸付もあり、高利貸しとか悪徳商人といわれる人達とは全く区別されるものであった。

以上述べてきた金融業は、幕藩体制下で権力などによって大きな影響を受け、藩の借財の帳消しとしての上納により、貸し主の商人等は、大きな犠牲を払った。

明治維新による大変革

明治維新になって、新政府は、封建体制下の身分制度、士農工商制度を廃止し、全国の藩を廃止し、県を作った。この時に藩の借財（藩債を含む）を新政府が肩代わりすることになった。それは国債で支払い、これを旧債と呼んだ。その合計は一千二百万両余となった。また新政府発足後の政府費用も国債発行によって賄った。この総額は一千百万両を超えた。これは新債と呼ばれた。そして貨幣の呼称も両、分、厘、文、貫、匁から、圓、銭、厘に変更された。士農工商の身分制度がなくなり、生活に困る者も出てきたため、石高百石以下の士族には秩禄債を与えた。そして藩主には華族の身分を与えた。

これらの施策は国民一部の不平を無くする政治的なものであった。これらの国債はいずれも利息付きであり、これらの国債が貨幣との交換の時に、そのまま等価交換できるかに、新政府の信用度がかかっていた。というのも藩債等の幕藩体制で発行されたものは、二、三割安くしか評価されていなかったからである。国債の信用度は明治維新で主権を握った新政府の将来を国民がどう見るかにかかっていた。国民は今までの幕藩体制に厭き、新しい体制に希望を持ったのである。そして貨幣との等価交換は行われることになった。かくして、明治政府は財政的にも新しい朝を迎えることとなった。

なお、蕭鳳の次代を嗣いだ生美は後述の如く、西大路藩の調金方として、仁正寺藩の借財を他の調金方と一緒に調査し、一万八千八百四十四両余及び西大路藩藩債について、大蔵省に報告している。

資本主義下での新しいスタートを切った日本の金融業も順風満帆に見えたが、昭和二年の大恐慌、第二次大戦後の混乱を経て、今日に及ぶが、リーマンショック、欧州通貨危機等、不安は絶えない。グローバル化になって金融業は想像以上に難しい業種である。

壱両のものに二両もかす質は　目利をしらぬひちとりといふ　蕭鳳

我身だに我侭ならぬ世の中に　人のぞむしがとがならバこそ　蕭鳳

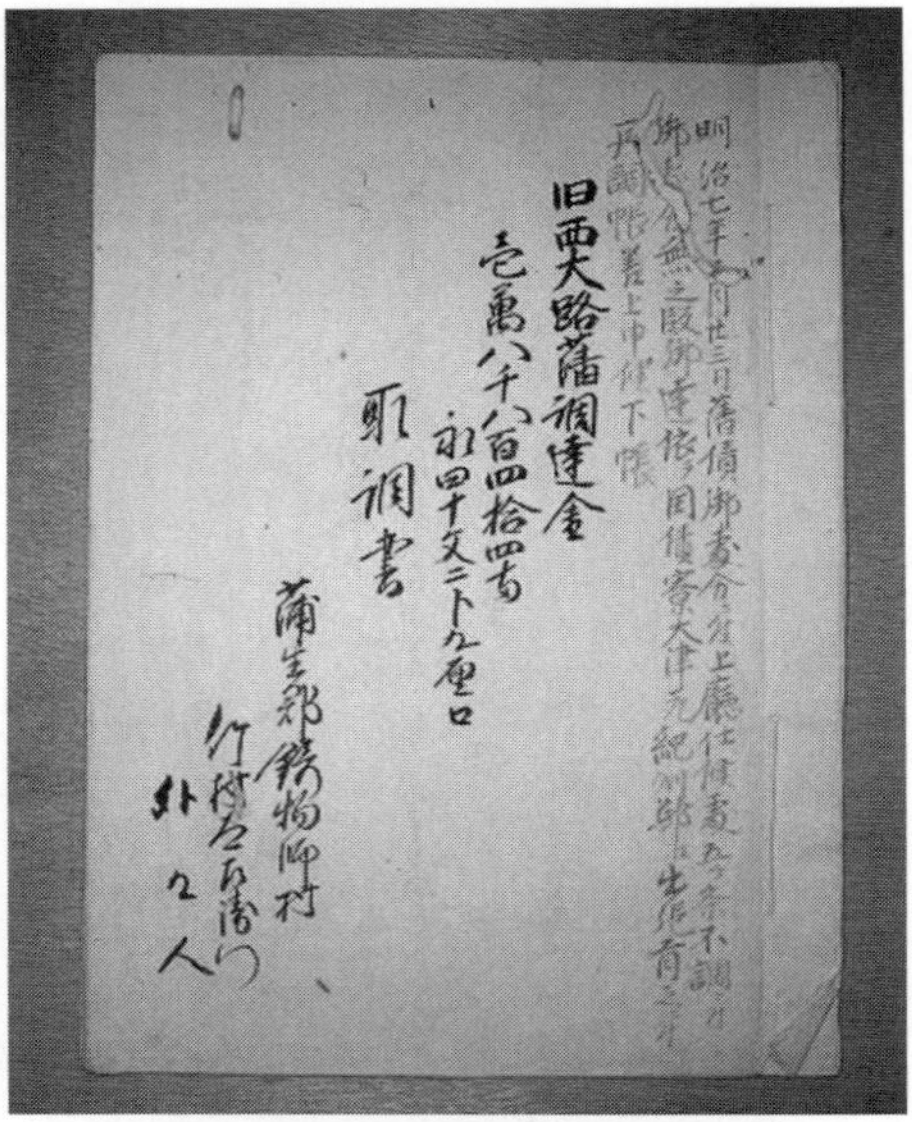
旧西大路藩調達金

壱萬八千八百四拾四両

取調書

蒲生郡鋳物師村

明治新政府への仁正寺（西大路）藩調達金届け書（表面）　明治維新で、藩を廃止した代わりに藩の借財を政府が肩代わりして国債（いわゆる旧債）を与えた時の藩からの届出書（表紙）。

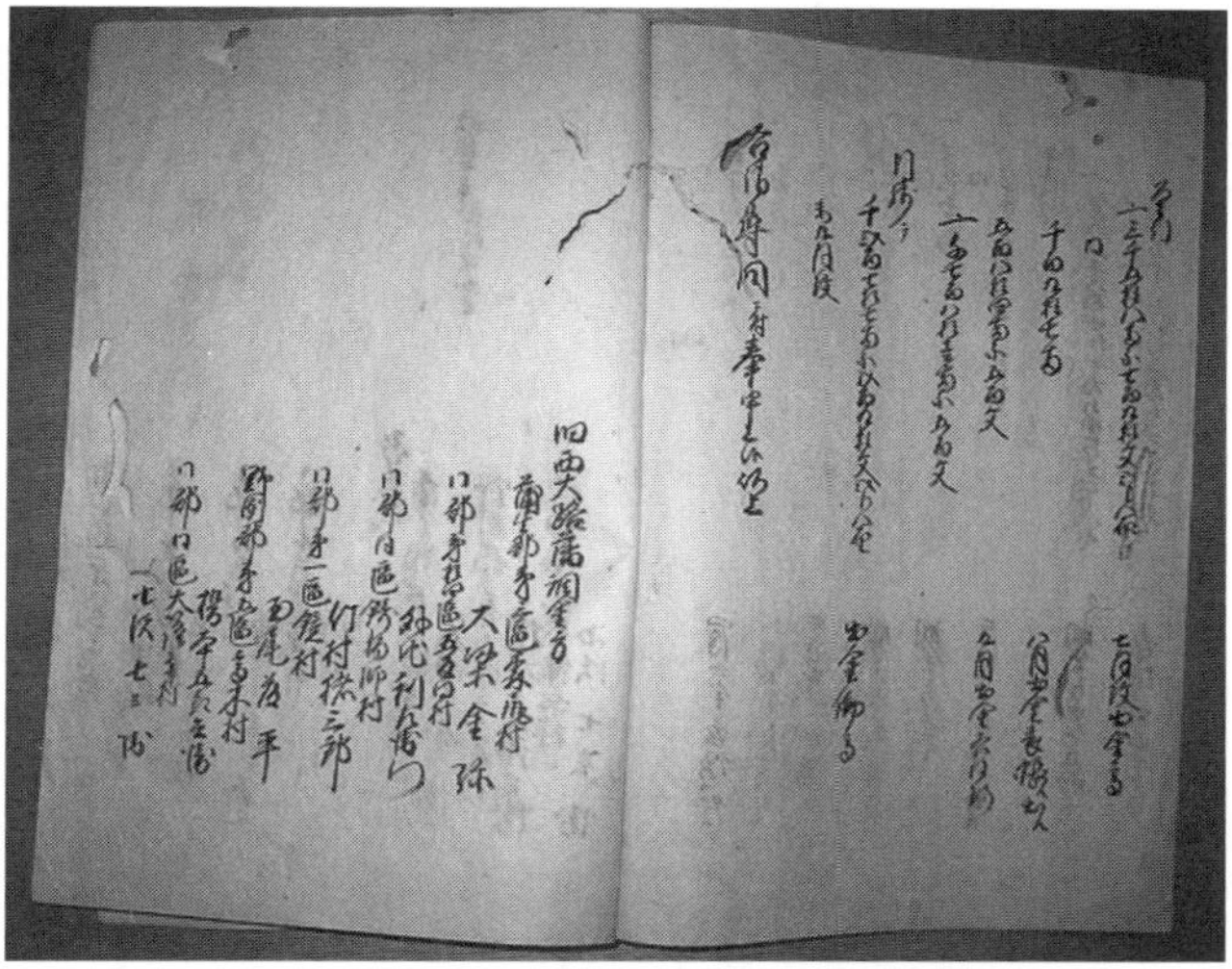

明治新政府への仁正寺（西大路）藩調達金届書（最終頁の１頁前）

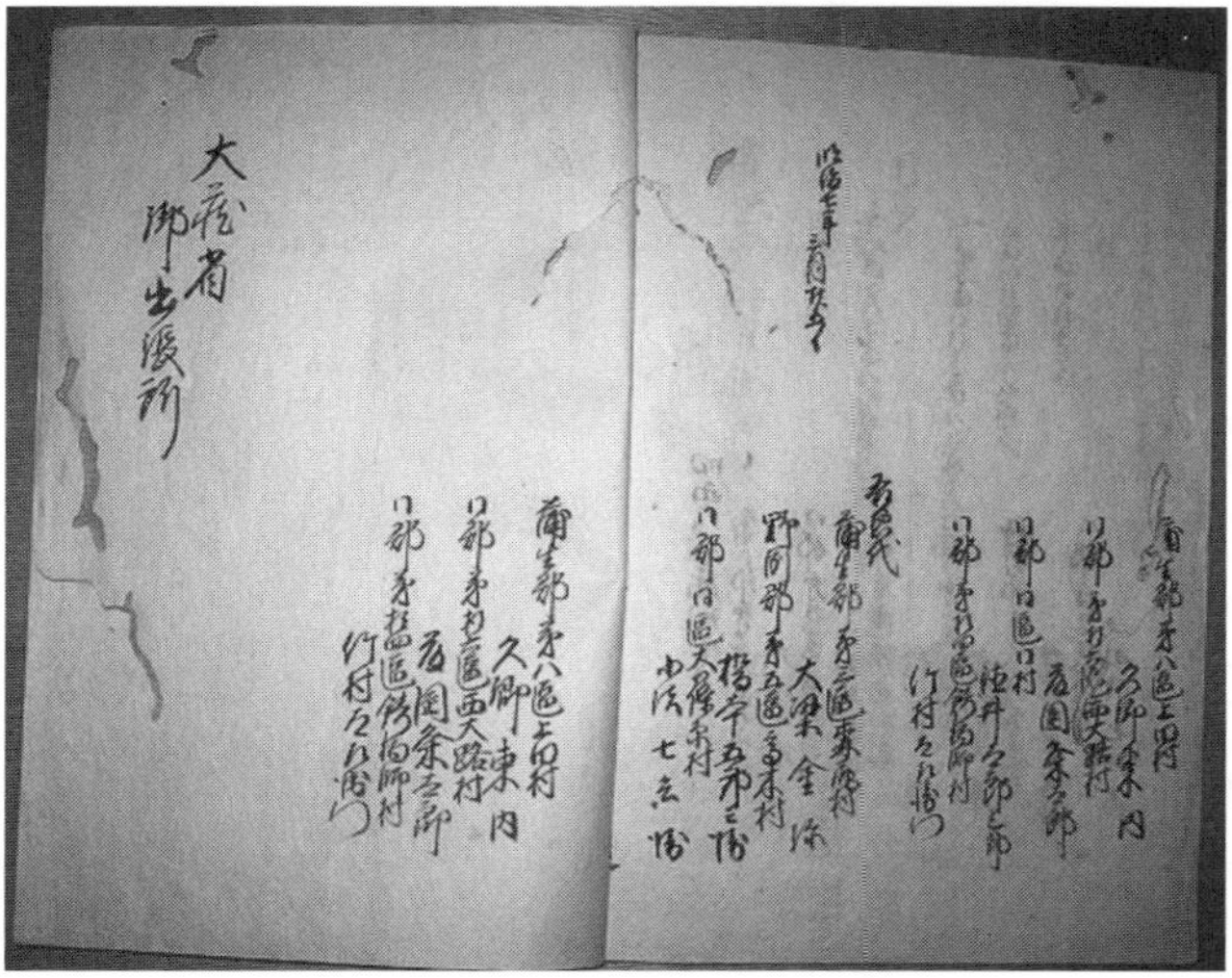

明治新政府への仁正寺（西大路）藩調達金届書（最終頁）

第六章　蕭鳳の遺志は次世代へ

蕭鳳は慶応元年五月十八日に、数え年七十二歳で波乱万丈の一生を閉じた。

あすあると思う心ろのあだ桜　夜はあらしの吹かぬものかな　　能因法師

その遺志は十二代目七兵衛生美によって受け継がれた。茂木の商売、藩との関係、安養寺との関係などを処理し、仁正寺藩については、明治になって勝手方が大潤計となり、さらに調金方となり、その役を務め、芦浦観音寺の貸借関係も処理し、自分のところの醤油の醸造所、小右衛門の酒屋、小澤三右衛門の酒屋の経営についても面倒を見て、立派に蕭鳳の遺志を継いだ。

茂木の商売は、蕭鳳が亡くなる前から醸造業を他人に譲るべく嗣子の生美は、いろいろ当たったが、明治七年（一八七四）に伴傳講の経緯もあって伴藤四郎にやらせることになった。しかし、伴藤四郎は三年後に亡くなり、結局、明治十年に茂木の一切の事業を栄屋の島崎泉治家に任せることとなった。土地、建物等は昔のまま残っていたが、全てを金百両で譲る契約を交わし、完全に撤退することとなった。

菩提寺の安養寺については、先祖の墓もあるので住職には回向を、また島崎家にも依頼した。島崎家がその後お寺に参拝していたことは、明治二〇年一月に安養寺の鶴見和峯住職から島崎家に届けられた小澤家の御先祖への回向料受領書からわかっている。島崎家とは同じ近江商人として創業以来大変お世話になり、最後まで面倒を見て頂き、感謝に耐えない。

仁正寺藩については、蕭鳳が勝手方をした後、湾岸防御のための出陣を生美が行い、その後、大潤計、調金方を務めた。その後、明治二四年になって領主だった市橋長寿氏が不慮の事件に遭って、大きな借財を抱えることになり、かつての家臣の方々よりの懇請もあって、旧調金方の当家や竹村家、久郷家に借入を頼まれ、その収拾に当たっている。

また、すでに述べた通り、金融業としては、次の代、政美（筆者の祖父）が銀行業に乗り出し、銀行の頭取や、製麻会社、帆布会社などの役員を務めている。
このように、波乱に富んだ一生を送った蕭鳳の遺志は、蕭鳳の遺した家訓の通り、正直で慈悲深く、家業に精勤する道を歩む子孫に受け継がれていった。

子孫をば只大切におもふべし　先祖の譲へるなふやせよ　蕭鳳

渡世をば正直にして精いだせよ　神のめぐみで行末ぞよき　蕭鳳

あとがき

この本は、筆者の六代前の祖である小澤蕭鳳（本名小澤七兵衛正美、慶応元年五月一八日逝去）が関東及び近江において、いろいろな苦難のなかで、藩や百姓や商人との関係を通して、見聞した世情について、いくつかの著書と数千点の文書を残したものをもとに書いたものです。小澤蕭鳳の波乱万丈の一生の物語で、全て実話をもとに編集しました。たまたま、子孫のために残された二百首の歌の家訓集（『童子一百集』）のなかに、隠れるように自分の感情を吐露していた歌がいくつか入っているのを発見し、単なる家訓集だけでないことを見て、これをそれぞれの場面にはめてみるとぴったりの内容が多く、これを公開して蕭鳳の気持ちを世に紹介したいと思った次第です。封建制の幕藩体制のなかで、憚らざるを得なかったために、家訓集に紛れて入れておられたことが分かり、百五十年以上経った現在、子孫の筆者が蕭鳳から命ぜられている思いで、執筆した次第です。

よむ人も心の華はひらけても　其身となれる人は稀なり　蕭鳳
書きのこす歌の心を篤としれ　とふぞ人たる人になれかし　蕭鳳

なお、『童子一百集』のなかには、蕭鳳自身が自作と他作を集めたと書いており、他作には橘千蔭の火の歌や能因法師の歌は載せましたが、その他に当時の有名な歌も入っており、それらを除いて蕭鳳自身の歌のみを載せたつもりですが、もし著者の記述した天保一三年以前の他作が入っている場合は、それは誤りですのでご了承願います。

歴史学や文学には全くの素人の私が執筆した内容ですので、斯界の先生方からご批判やご叱責を受けることがあると思いますし、また内容が全て実名ですので百五十年以上経ったとはいえ、あるいはご子孫の方々がおられたら、失礼に当たることがあるかも知れませんが、その点は何卒ご容赦願い上げます。

なお、本書の出版に際し、雅号として「蕭愼」を使わせていただきます。これは蕭凰の子孫の私が、「蕭凰」の一字をいただいたもので、蕭凰より執筆を命ずるとの神のお告げを受けた思いがして、恐れ多いことながら雅号といたしました。

終わりに、小澤家文書調査報告書はじめいろいろご指導頂いた、東京大学大学院日本史学研究室の教授をされていた吉田伸之名誉教授、牧原成征准教授、戸森麻衣子先生はじめ研究室の先生方、野洲市歴史民俗博物館の元館長古川与志継先生（最近御解読頂き未発表の文書も含む）に厚く御礼申し上げます。

また、茂木付近の調査で、当家別家「かましん」若井家父祖三代、文七様、文吉様、郷平様、元菩提寺安養寺の父祖三代の御住職、毛塚長悦様、俊成様、良俊様、島崎家父子二代の泉司様、利一様、小林家父子二代の吉平様、利平様にはいずれも江戸時代からの御縁で長年にわたり言い伝え等を含め調査にご協力頂き、また茂木町の町史編さん室長をしておられた吉村光右様、黒羽町（現在の大田原市）の小林聖夫様、その他ご協力頂きました方々に厚く御礼申し上げます。

また、本書の出版に際し、助言や校正でお世話になったサンライズ出版の岩根順子代表取締役、及び山崎喜世雄様に厚く御礼申し上げます。

なお、数え年九十歳の筆者を助け、文章の解読や資料収集等いろいろ世話をしてくれた娘、小澤育子に感謝します。
筆を擱くに当たり、我が祖、蕭鳳への思いをこめて拙き歌をお詠みします。

蕭鳳の心の奥を篤と知り　世に問う思い伝えしや吾　　蕭愼

本書を謹んで小澤蕭鳳の御霊に捧げます。

平成二五年五月吉日

小　澤　蕭　愼

◎引用及び参考文献

『小澤家文書現状記録調査報告書』東京大学日本史学研究室／二〇〇九年
『小澤家文書史料細胞現状記録』戸森麻衣子著　東京大学日本史学研究室　紀要第十二号／二〇〇八年
『天保七年丙申年大凶作書』古川与志継著　東京大学日本史学研究室　紀要第三号／一九九九年
『御勝手御省略写』古川与志継著　東京大学日本史学研究室　紀要第五号／二〇〇一年
『栃木県の歴史』大町雅美他　野沢繁二発行／一九七五年
『茂木町史第三巻』茂木町史編纂委員会編　茂木町発行／一九九八年
『図説　茂木の歴史』茂木町編纂委員会編　茂木町発行／一九九四年
『成熟する江戸』吉田伸之著　講談社
『近江商人の開発力』小倉栄一郎著　中央経済社

『野洲町史　第二巻　通史編』野洲町発行／一九八五年
『近江大篠原の歴史』大篠原郷土史編集委員会　大篠原区発行／二〇〇三年
『星田歴史風土記』和久田薫他一名著　交野市教育委員会編　交野市文化財事業団
『二宮金次郎の一生』三戸岡道夫著　石澤三郎発行
『漆の実のみのる国』上下巻　藤原周平著　文芸春秋社
『童子一百集』小澤七兵衛著、野洲町立歴史民俗資料館協力　小澤七兵衛発行
『谷田部・茂木の仕法』二宮尊徳シリーズ尊徳の足跡編　二宮町ホームページ
『儲け過ぎた男』（小説安田善次郎）渡辺房男著　文芸春秋社
『島崎雲圃・小泉斐』小林聖夫著　滋賀県及び栃木県立美術館編（高田敬輔と小泉斐）滋賀県立近代美術館発行

■著者略歴

本名・小澤七兵衛（こざわ・しちべえ）（襲名）。幼名 愼治郎。蕭愼は雅号。

一九二四年滋賀県大篠原に生まれる。

一九四五年、東京帝国大学機械工学科卒業。㈱島津製作所専務取締役、島津メディカル㈱取締役社長、びわこ学園理事、大阪電気通信大学監事など歴任。工学博士。紫綬褒章受章。

著書に『機械工学大系・科学機器』、『童子一百集』、『糸川英夫博士とは』（共著）、『分析機器』（共著）などがある。

小澤家十代蕭鳳の人と時代
歌で彩る藩・百姓・商人の実像

発行日　平成二十五年五月十八日

著　者　小澤蕭愼

発　行　小澤蕭愼
〒五二〇-二三一三
滋賀県野洲市大篠原一三一七

発　売　サンライズ出版株式会社
〒五二二-〇〇〇四
滋賀県彦根市鳥居本町六五五-一
電話　〇七四九（二二）〇六二七

ISBN978-4-88325-509-2 C0023